DECIDIR-SE

Editora Appris Ltda.
1.ª Edição - Copyright© 2025 dos autores
Direitos de Edição Reservados à Editora Appris Ltda.

Nenhuma parte desta obra poderá ser utilizada indevidamente, sem estar de acordo com a Lei nº
9.610/98. Se incorreções forem encontradas, serão de exclusiva responsabilidade de seus organi-
zadores. Foi realizado o Depósito Legal na Fundação Biblioteca Nacional, de acordo com as Leis nºs
10.994, de 14/12/2004, e 12.192, de 14/01/2010.

Catalogação na Fonte
Elaborado por: Dayanne Leal Souza
Bibliotecária CRB 9/2162

	Monteiro, Walbert
M775d	Decidir-se / Walbert Monteiro. – 1. ed. – Curitiba: Appris, 2025.
2025	82 p. ; 21 cm.
	ISBN 978-65-250-7686-7
	1. Religião. 2. Conversão. 3. Testemunho. I. Monteiro, Walbert. II. Título.
	CDD – 200

Appris editorial

Editora e Livraria Appris Ltda.
Av. Manoel Ribas, 2265 – Mercês
Curitiba/PR – CEP: 80810-002
Tel. (41) 3156 - 4731
www.editoraappris.com.br

Printed in Brazil
Impresso no Brasil

Walbert Monteiro

DECIDIR-SE

Curitiba, PR
2025

FICHA TÉCNICA

EDITORIAL	Augusto V. de A. Coelho
	Sara C. de Andrade Coelho
COMITÊ EDITORIAL	Ana El Achkar (Universo/RJ)
	Andréa Barbosa Gouveia (UFPR)
	Jacques de Lima Ferreira (UNOESC)
	Marília Andrade Torales Campos (UFPR)
	Patrícia L. Torres (PUCPR)
	Roberta Ecleide Kelly (NEPE)
	Toni Reis (UP)
CONSULTORES	Luiz Carlos Oliveira
	Maria Tereza R. Pahl
	Marli C. de Andrade
SUPERVISORA EDITORIAL	Renata C. Lopes
PRODUÇÃO EDITORIAL	Emily Pinheiro
REVISÃO	Adelaide Siqueira
DIAGRAMAÇÃO	Amélia Lopes
CAPA	Carlos Pereira
REVISÃO DE PROVA	Alice Ramos

Não existe possibilidade alguma de estas páginas não serem dedicadas, com muito amor e gratidão, àquela que é, foi e será sempre a grande responsável pelo início da minha conversão, que nunca desistiu de mim, mesmo quando me via distante de qualquer convicção religiosa e afastado da Igreja: minha querida esposa e companheira na jornada de fé:
Tercília Góes Monteiro

PREFÁCIO

Com satisfação apresentamos esta obra, que traz relevantes reflexões para compreender e acolher a experiência de vida e o ponto de vista crítico do nosso amigo Walbert Monteiro, como resultado de saberes, vivências e práticas, com a devida atenção aos sinais dos tempos, que nos fazem capazes de discernir os caminhos por meio dos quais pretendemos nos tornar fiéis seguidores de Jesus Cristo. Como o próprio título sugere, decidir-se é característico de quem possui muitas opções diante das quais precisa fazer uma escolha.

Na fidelidade aos sinais dos tempos, o presente livro é publicado em um contexto altamente desafiador para a humanidade: o fim da pandemia da covid-19 e a guerra entre Rússia e Ucrânia, que ultrapassa os dois anos desde que iniciou, além do também trágico conflito entre Israel e Palestina (leia-se, o grupo extremista terrorista Hamas), guerras estas que já levaram milhares de pessoas inocentes, entre as quais muitas crianças. Tudo isso nos situa num momento histórico difícil para os filhos deste tempo, desafiados a viver o Evangelho em meio a crises também de fé não somente pessoais, mas também institucionais, quase nos forçando a escolher "de que lado estamos".

Essas condições remetem-nos ao pensamento do filósofo e escritor Albert Camus, em seu romance **A peste**, de 1947, quando escreveu:

> Os flagelos, na verdade, são uma coisa comum, mas é difícil acreditar neles quando se abatem sobre nós. Houve no mundo tantas pestes quanto guerras. E, contudo, as pestes, como as guerras, encontram sempre as pessoas igualmente desprevenidas.

O valor da pessoa humana é inalienável, e qualquer negociação sobre essa dignidade é altamente prejudicial e nega a verdade.

Para discernir nesse contexto de noite escura, vale recordar Ariano Suassuna, que afirmou: "O otimista é um tolo. O pessimista, um chato. Bom mesmo é ser um realista esperançoso". Com esperança é que nos propomos a ler as páginas que seguem, evitando toda presunção de uma falsa esperança de quem é otimista inconsequente. Tampouco vale o pessimismo dos que perderam a esperança no ser humano. É preciso ser realista, indicando luzes e sombras do atual contexto, mas renovando a esperança, recordando o que disse o Papa Francisco: "É preciso 'esperançar'".

O autor, homem inquieto e decidido, procura, por meio de suas dúvidas e questionamentos, encontrar a firmeza na qual se ancorar ao longo da vida e a encontra justamente em Deus, rocha firme, em quem apoiar nossas fragilidades e incertezas, navegando por caminhos muitas vezes improváveis mas que acabam levando a redescobrir o amor de Deus manifestado nos braços da Mãe de Deus que numa experiência quase mística, ele tem o privilégio de tê-la em suas mãos quando Diretor da maior festa religiosa devocional e de fé à Nossa Senhora.

Deixemo-nos também nos embalar pelos braços da Mãe de Nazaré, ser conduzidos à presença do Altíssimo para ali desfrutar da paz, no lugar onde cessam todas as nossas dúvidas, pois na presença de Maria, estaremos também na presença de seu Filho e unidos a Ele, para que, nele, Deus seja tudo em todos (1 Cor 15, 28).

Pe. Joaquim Bizerril de Souza
Pároco da Paróquia de Santa Terezinha, em Belém do Pará

SUMÁRIO

DECIDIR-SE 11

UM QUASE ATEU 15

O DISTANCIAMENTO DA IGREJA 18

REDESCOBRINDO A FÉ 21

O CONVITE À DIRETORIA DO CÍRIO 23

O PRIMEIRO CONTATO COM A IMAGEM ORIGINAL:
UM CHOQUE INEXPLICÁVEL 25

SER HUMILDE, EXIGÊNCIA COMPORTAMENTAL 27

CRER EM DEUS, UMA QUESTÃO DE FÉ 31

MEDO MAIOR QUE A FÉ 35

O AMOR DE DEUS 38

DEUS NÃO É CULPADO DAS NOSSAS TRAGÉDIAS 40

QUAL É A NOSSA RESPONSABILIDADE
NOS ACONTECIMENTOS? 42

AS DÚVIDAS E OS QUESTIONAMENTOS 44

A BUSCA INCESSANTE DE DEUS 46

COMUNICAR-SE COM DEUS 48

O QUE PEDIMOS PARA DEUS? 50

OS VERDADEIROS TESOUROS 52

VENCER AS TENTAÇÕES, O GRANDE DESAFIO 54

O DEMÔNIO EXISTE, SIM! 58

O OLHAR, INSTRUMENTO DA TENTAÇÃO 60

EGOÍSMO, OMISSÃO E INDIFERENÇA 66

CRISTIANISMO AUTÊNTICO: VENCENDO DESAFIOS 68

A CRUZ SEM O CRISTO 72

"CORAGEM, NÃO TENHAIS MEDO!" 81

DECIDIR-SE

Em um universo dominado pelo relativismo, demasiadamente materialista, hedonista e movido por sentimentos individualistas e de apego ao consumo, parece ser, a princípio, uma tarefa árdua, de difícil assimilação, falar de "**conversão**", no sentido do "**voltar-se para Deus**", reencontrar-se com os postulados religiosos, de procurar direcionar a existência na busca da santidade ("**Assim, sede santos, como o vosso Pai Celeste é Santo**", cf. MT 5, 48).

Converter-se, em explicação simples e objetiva, significa a mudança de percepção do mundo, adquirindo uma nova mentalidade que nos conduza a ter um comportamento diferente que transforme o nosso existir e dê à nossa vida um sentido mais espiritual e menos apegado às coisas materiais.

Quem conhece um pouco da Bíblia sabe que este apelo vem desde o Antigo Testamento: "**Eu sou o Senhor que vos tirou do Egito para ser o vosso Deus. Sereis santos porque Eu sou Santo**" (Lv 1, 44-45), ficando bem explícita a vontade de Deus, que nos criou à sua imagem e semelhança (Gen. 1, 26) e com essa irrecusável vocação à santidade.

Muitas pessoas, quando se toca no assunto, alegam que, por serem pecadoras, lhes será impossível alcançar esse nível comportamental, enquadrado no que eu chamo "**estado de graça**", "**estar na Paz de Deus, em vida**".

Em seu livro **Caminhando com Jesus**[1], o sacerdote Juan Antonio González Lobato faz uma consideração pertinente: *"Uma pessoa é santa na medida em que corresponde à graça para que Jesus se forme nela. Tu e eu seremos eficazes nessa mesma medida. A causa da eficácia é a santidade. E o mundo precisa de novos cristãos: as crises mundiais são crises de santos"*. Em outro trecho, na página 11 da mesma obra, afirma: *"Aprendemos que a eficácia no trabalho apostólico depende da correspondência à graça de Deus. Não do barulho, mas da santidade pessoal"*.

A primeira percepção que se tem é a de que a santidade exige austeridade, sacrifícios, renúncias, observância radical aos dez mandamentos, penitências, jejuns, vida contemplativa passada em constantes orações, longe de qualquer pecado. Então, com um estilo de vida que se deixa seduzir aos apelos mundanos e se compraz com os prazeres que podem ser facilmente adquiridos pelo dinheiro, a maioria faz uma opção diferente do convite que nos formula Jesus Cristo e se confessa incapaz de, ao menos, tentar.

É claro que a conversão se volta à prática da Lei de Deus e aos ensinamentos de seu Filho Unigênito e deverá, sim, observar um comportamento diferente que poderá importar em sacrifícios e renúncias. Em nós deverá prosperar um sincero propósito de ter controle sobre a nossa vontade e dominar os nossos desejos, quando eles se revestem dos apelos simplesmente mundanos. E, se somos batizados pelo Espírito, não poderemos prescindir da oração como um diálogo com o nosso Criador, em que ofertamos as súplicas, agradecimentos e ação de graças. Afinal, quando queremos nos preparar convenientemente para qualquer desafio, seja ele desportivo,

---

[1] LOBATO, Juan Antonio González. **Caminhando com Jesus**. São Paulo: Quadrante, 2022. p. 13

passar em um concurso, vencer uma competição artística etc., não nos impomos diversificadas práticas que importam em abrir mãos de certas comodidades ou concentrar naquilo que é mais importante aos objetivos colimados? Até para a realização do desejo de perder peso ou moldar o corpo, não fazemos dietas rigorosas?

Acredite: o melhor exercício para se alcançar a santidade não é se furtar a *"estar no mundo"*, mas viver sem contaminar-se com o que ele oferece de pernicioso, de afastamento das coisas de Deus. O próprio Cristo, observando o êxtase de seus discípulos no episódio da sua Transfiguração, não permitiu que eles continuassem nessa magnífica experiência da antevisão da Glória do Pai e os exortou a prosseguirem na missão.

E é de Jesus o mandato: *"Ide por todo o mundo, proclamai o Evangelho a toda criatura"* (Mc 16, 15).

Aliás, muito pelo contrário, como veremos mais adiante, exercitar a prática cristã vai importar em um engajamento efetivo, a partir de uma conscientização que nos torne pessoas comprometidas com a causa do Reino e que, necessariamente, pensem, estudem, reflitam sobre a Palavra de Deus, sem ater-se exclusivamente à sua escuta ou leitura, porque o essencial é praticá-la, não apenas anunciá-la, mas testemunhá-la com a nossa conduta.

Desejo, neste opúsculo, refletir sobre pistas que possam nos conduzir a uma conversão de vida, focada no desejo de viver na Graça de Deus. Penso que tudo pode começar por uma atitude pessoal, consciente e verdadeiramente radical: decidir-se por Cristo! E a partir daí, centrar seu quotidiano despojando-se de tudo o que possa ser pedra de tropeço, que impeça de nos tornarmos criaturas melhores, vivendo com dignidade, respeito e amor para com o próximo, servindo a Deus com o melhor de nossa disposição. Antes, porém, é necessário fazer um relato (já contado em meu livro **Círio de Nazaré, meu olhar de fé**) sobre a minha própria experiência de conversão, considerando que nem sempre estive nessa linha de crença.

UM QUASE ATEU

Até o ano de 1982, minha relação com Deus estava um pouco, digamos, conturbada. Minha ascendência era católica. Penúltimo irmão de uma prole de oito (o que seria o caçula morreu no parto, junto de minha mãe biológica, Waldomira Monteiro), fui adotado por um casal de, a meu ver, santas pessoas: Manoel Ervedosa e Ana Ervedosa e sua única filha, Maria de Nazaré (Marita), minha madrinha muito querida. Uma história interessante, mas que não cabe aqui relatar com detalhes. Meus outros dois irmãos de adoção são o Waldir (falecido em setembro de 2016) e o Walcyr (faleceu em maio de 2019). Meus pais adotivos (eu tenho por eles a saudade infinda, fruto de um enorme amor) eram católicos, porém não praticantes. Minha formação religiosa foi determinada pela "necessidade" de ir ao catecismo preparatório das crianças que fariam a Primeira Comunhão em agosto de 1953, por ocasião do histórico VI Congresso Eucarístico Nacional, realizado em Belém. Eu tinha 9 anos e frequentei a formação proporcionada pelo Instituto D. Bosco (estudava no Grupo Escolar Benjamin Constant). Meu pai era assíduo frequentador da novena de Nossa Senhora do Perpétuo Socorro. Lembranças dessa época, no patamar religioso? Sim! A de um "deus" rigoroso, punitivo, vigilante, implacável com as suas criaturas. Missas em latim, igrejas vazias e frequentadas por "beatas" piedosas, a maioria pertencente à Legião de Maria ou à Irmandade do Sagrado Coração de Jesus.

Cinco anos depois, já aos 14 anos, começo a ter uma certa liberdade e participo de movimentos estudantis e sou atraído à formação da Casa da Juventude, que estava sendo instalada na então Avenida São Jerônimo (hoje Governador José Malcher) próximo à Travessa Rui Barbosa, iniciativa do jovem padre Raul Tavares de Sousa (recentemente falecido).

Meu engajamento na vida política estudantil secundarista já era intenso, sobretudo incentivada pelos exemplos de meus irmãos Waldir (havia sido presidente da União dos Estudantes dos Cursos Secundários do Pará – UECSP) e Walcyr (que presidiria o CCHF, antes de mim, e seria meu vice, quando fui presidente). É interessante lembrar que, àquela época, nós nos organizávamos em partidos políticos, com as suas respectivas tendências ideológicas. Fazíamos parte do Movimento Estudantil Independente (MEI), de tendência esquerdista, em oposição ao Movimento Restaurador Secundarista (MRS), cujo grande líder e orientador era o padre Raul Tavares de Sousa. e ao ultradireitista Movimento Estudantil Patriótico (MEP), de inspiração integralista.

No Colégio Estadual Paes de Carvalho (o lendário CEPC, de inesquecíveis histórias, minhas e de toda a minha geração!), tive a felicidade de haurir os ensinamentos, entre outros, do padre Diomar Lopes, um dos nossos mestres em Filosofia. Com ele (e com o então major Jarbas Passarinho) travei conhecimento com as obras do padre Lebret e manifestava uma forte simpatia pelo socialismo cristão, embora não aceitasse o comunismo, quer pela filosofia materialista, quer pelo princípio do partido único. Não obstante, era visto por muitos com um jovem esquerdista.

Quando meu irmão Walcyr Monteiro se candidatou à presidência da UECSP, tendo como opositor o meu amigo e hoje publicitário José Severo de Sousa (também já falecido), candidato do MRS, éramos hostilizados nos colégios católicos, onde recebíamos a pecha de comunistas.

Esse fato levou-me a desfazer a amizade com o padre Raul, que patrocinava essa chapa.

Um dia, por ocasião da Páscoa do CEPC (a missa seria campal, com o altar montado à frente do Colégio), havia relatado ao meu confessor minha desavença com o padre Raul. Como espécie de penitência, deveria, antes da celebração, procurar reconciliar-me com ele. Ao fazê-lo, cumprindo minha obrigação cristã, busquei cumprimentá-lo dizendo que meu gesto tinha a ver com a necessidade de comungar sem guardar ressentimentos. Sua reação, com enorme indiferença e um sarcástico, "Isso é sincero?", afastou-me por muitos anos do convívio com a Igreja Católica.

O DISTANCIAMENTO DA IGREJA

Casei-me em 1967. Tercília lecionava no Colégio Marista Nossa Senhora de Nazaré e manifestou o desejo de que a cerimônia religiosa fosse na capela daquele educandário. No entanto, haveria necessidade de autorização dos Barnabitas e da própria Arquidiocese.

Fui pessoalmente tratar dos papéis e, para contribuir mais ainda com esse afastamento meu da minha Igreja, tive sérios atritos com o sacerdote, que era, ao que parece, o pároco da Basílica, padre Vitaliano Vari. Ele insistia que deveríamos nos casar naquele belíssimo templo, mas usando exatamente uma argumentação que, para mim, era inaceitável: ele dizia que era inconcebível nós trocarmos a "suntuosidade" da Basílica pela "simplicidade" da Capela Marista. Para mim ficava claro que a preocupação daquele padre era receber as taxas cobradas pela celebração e que desprezava os ensinamentos de Cristo quanto à humildade e ao "espírito de pobreza". Para completar, enumerou-me uma série de exigências que incluíam a obrigação de uma pessoa ir buscar o livro de registro de casamentos 30 minutos antes da cerimônia e devolvê-lo imediatamente. Essa missão foi galhardamente cumprida pelo meu amigo e concunhado João Batista Viana Correia, àquela altura noivo da Carmen Sílvia, irmã de Tercília, falecida em agosto de 2015.

Celebrou meu casamento o então padre Carlos Coimbra (falecido em 2014), que atuava na Paróquia da Santíssima Trindade, ajudando Monsenhor Miguel Inácio, que era o Pároco. Muitas foram as suas tentativas para atrair-me a um engajamento. O máximo que conseguiu foi a minha fugaz participação, como palestrante, em um dos cursos de noivos promovidos pela Paróquia.

Meu distanciamento com a Igreja parecia intransponível.

Apesar de o mundo começar a sentir os primeiros efeitos do Concílio Vaticano II, as minhas opiniões sobre a sede da Igreja em Roma e sobre os padres de um modo geral não eram as melhores. Com certeza situava-me como um crítico feroz, implacável, de tudo o que se relacionasse à Igreja Católica e ao Vaticano.

Não obstante, em 1967, por ocasião da nossa colação de grau, em 16 de dezembro, sendo o orador da Turma Sobral Pinto, de bacharéis pela Faculdade de Direito da Universidade Federal do Pará, que teve como patrono D. Helder Câmara, em certo trecho do discurso, pronunciado no Teatro da Paz, afirmei:

> *Mais uma reflexão, companheiros, antes do término: aproximamo-nos celeremente de mais um Natal de Cristo. Vamos aceitar, também, a exortação de Paulo VI e fazer deste Natal, uma festa menos burguesa, mas, ao contrário, um convite à meditação. De nós, cristãos modernos, não se exigirá menores energias morais, talvez até maiores do que foi exigido dos cristãos de ontem". E a Igreja de hoje, que nos empolga até as culminâncias de uma vibração sem igual, nos faz lembrar o Cristianismo primitivo, sofrido, perseguido, injuriado, mas forte no seu ânimo, exemplar na sua autenticidade, fiel nos seus princípios. Ser cristão hoje exige,*

antes de tudo, uma atitude de coragem e de desprendimento. O cristão contemporâneo não mais se caracteriza pela proclamação constante de sua fé duvidosa, esquecida nos conchaves e nos conluios, nas traições e deslealdades, na sua aliança com os poderosos. A caridade cristã exige, sim, a humildade. Mas quer a afirmação serena e altiva da Justiça, segundo seus melhores princípios.

Quer, também, a igualdade para todos, a abolição de privilégios injustos, a dignificação da pobreza. Proclamar isso, aos ricos e potentados, exige, como para o cristão queimado nas arenas dos que o temiam, uma reserva de forças que só Cristo - na sua paixão por nós - poderá nos proporcionar.

Como estávamos vivendo os "**anos de chumbo**", o discurso havia sido pontuado por citações e referências que, subliminarmente, comportassem críticas ao regime implantado no país e, nas entrelinhas, ao fazer citação "à Igreja de hoje", não deixei de mencionar "a fé duvidosa, esquecida nos conchavos e nos conluios, nas traições e deslealdades, na sua aliança com os poderosos", a sutil indicação de um passado em que o que menos se praticou foi a caridade que o Cristo nos ensinou.

Nos anos 1970, aceitando convite de inúmeros amigos, ingressei na Maçonaria, sendo iniciado na Loja Renascença n. 3. Minha passagem pela instituição maçônica, cuja filosofia me encanta e nada tenho a criticar, foi de poucos anos. O suficiente para chegar ao grau de Mestre, admirar a Instituição e experimentar sérias decepções com muitos de seus membros. Aliás, essa é uma característica de qualquer agrupamento humano em que existem os ótimos, os bons, os razoáveis, os sofríveis e os desprezíveis.

REDESCOBRINDO A FÉ

(Minha participação no Encontro de Casais com Cristo)

Em termos de religião, identificava-me como "cristão". Considerava absolutamente pertinente a reação de Martinho Lutero, com suas "95 teses" que geraram a reforma protestante, mas não concordava com a proliferação de seitas (como até hoje tenho restrições a certas denominações neopentecostais).

Começavam a me empolgar as posições de João XXIII, Paulo VI e João Paulo II, embora a morte prematura (e pouco esclarecida) de João Paulo I tenha reacendido as minhas dúvidas sobre a Cúria Romana.

Ainda estava muito distante de mim a luz do Espírito Santo.

Li algumas das Encíclicas com uma visão exclusivamente jornalística e técnica, sem a menor conotação religiosa. Carregava comigo uma inspiração socialista que me fazia aproximar da Doutrina Social da Igreja, mas, paradoxalmente, ao mesmo tempo, olhava com severa desconfiança a Teologia da Libertação, pregada por Leonardo Boff, e a implantação das comunidades eclesiais de base, que mais pareciam células comunistas do que núcleos de evangelização.

O período em que convalesci do acidente que sofri em 1982 e deixou-me por 11 meses usando muletas levou-me a sérias reflexões sobre o que Deus queria de mim, ao poupar-me a vida. Certa vez, o amigo desembargador Milton Nobre, em conversa comigo, falou-me entusiasmado de sua participação (com a Olga, evidentemente) no Encontro de Casais com Cristo (ECC) da Trindade e como havia sido importante para a sua percepção do matrimônio. Decidi, sem comunicar a ninguém, interessar-me pelos assuntos da religião e, certa vez, em um aniversário na casa de meu saudoso concunhado, compadre e amigo Edval Maia, surpreendi a todos afirmando que desejava participar do próximo ECC da Paróquia da Santíssima Trindade. Ninguém acreditava na seriedade da minha proposta porque sabiam da minha postura crítica em relação a esses assuntos.

Em setembro de 1983, nas dependências do Colégio Santo Antônio, eu e Tercília participávamos do XII ECC, ela completamente empolgada e eu, desconfiado, curioso e expectante. Começava o meu processo de conversão, sem que isso significasse a mudança imediata de alguns conceitos, entre os quais o culto às imagens.

Coube ao Antônio Lira (fui conhecê-lo nesse encontro, logo na primeira palestra, impactado por confundi-lo com alguém da extrema-esquerda, pelo seu jeitão barbudo), me "apresentar" outro "conceito" de Deus. Com uma didática extraordinária e um modo muito peculiar de falar das coisas divinas, Lira falou de um Deus de bondade, infinitamente compassivo com suas criaturas, um Ser Supremo cuja essência era o amor incondicional pelo ser humano a quem jamais negaria um perdão ao arrependimento sincero.

O ECC foi tão fundamental na minha vida que há 42 anos estou engajado na minha Paróquia, com muito orgulho.

O CONVITE À DIRETORIA DO CÍRIO

O Círio de Nazaré, no meu entendimento, simbolizava uma fantástica manifestação de religiosidade popular que, efetivamente, me empolgava muito. Mas era verdade que, no meu íntimo, alinhava-me ao pensamento dos que consideravam "idolatria" o culto às imagens. E acreditava, também, que, de certa forma, a Igreja estimulava esse tipo de "adoração". Ou seja, para as minhas convicções, as imagens, quer esculturas ou pictóricas, eram desprovidas de valor.

Nesse mesmo ano de 1983, convalescendo ainda da segunda cirurgia a que tivera que me submeter, para que a fratura do fêmur pudesse, enfim, ficar consolidada, fui convidado a assistir à chegada do Círio nos altos da então chamada "Barraca da Santa", edificação ao lado da Basílica, onde atualmente funciona a loja "Lírio Mimoso".

O coordenador do Círio era o engenheiro Frederico Guilherme Chaves, funcionário do BNH e meu amigo. Minha formação jornalística me impelia a acompanhar a maioria dos assuntos que diziam respeito à cidade e aos seus costumes. E via, com simpatia, a luta que o Fred travava para acabar com os famosos "crachás" de "convidados especiais", com que eram distinguidas algumas personalidades da cena local, preferencialmente autoridades, políticos ou "da sociedade". Como não podia conceber, em uma manifestação religiosa, a existência de fiéis diferenciados (essas pessoas acompanhavam o Círio dentro do espaço da corda que puxava a Berlinda, cercadas de forte aparato de segurança), manifestei ao Fred o meu apoio às declarações que fizera à imprensa local, confessando ser a favor da eliminação dos famigerados "crachás". Fred, em resposta, afirmou que necessitava do apoio de todas as pessoas e, para surpresa minha, convidou-me a integrar a Diretoria da Festa, a partir de 1984, colocando-me, logicamente, entre os membros que apoiariam sua iniciativa.

Foi desse modo que passei a fazer parte da "**turma dos Homens de Branco**", como jocosamente eram nominados os Diretores do Círio pelo confrade Raymundo Mário Sobral. Comecei integrando a Diretoria de Relações Públicas. Com a missão de colaborar decisivamente em mudanças estruturais na organização da maior festa dos paraenses. Quanta honra e responsabilidade.

O PRIMEIRO CONTATO COM A IMAGEM ORIGINAL: UM CHOQUE INEXPLICÁVEL

No sábado, véspera do Círio de 1984, nos preparamos para a descida da imagem do "Glória" para o seu "nicho" 116 no presbitério da Basílica. Essa tradição havia sido iniciada no ano de 1969, por iniciativa do Pároco de Nazaré padre Miguel Giambelli. Nesse tempo não existia o ritual comovente que se adotou anos depois, a partir do Círio 200, em 1992. Simplesmente, ao meio-dia, o templo era fechado (esperávamos que os últimos fiéis saíssem) e, com a presença de alguns diretores, a imagem era retirada da redoma.

Como novato, fui escalado para me posicionar no meio da escada que dá acesso ao "Glória". O diretor João Carlos Oliveira subia em primeiro lugar para deslocar a redoma e, em seguida, uma a uma, retirar o esplendor com a coroa, o manto, a base de mármore e, finalmente, a imagem (a mesma que Plácido encontrou, em outubro de 1700, nas margens do igarapé que passava atrás de onde hoje se ergue a suntuosa Basílica Santuário). As peças me eram entregues e eu as repassava para o companheiro que ficava na base da escada, o Elias Gorayeb.

Confesso que não estava possuído de qualquer emoção, admitindo que cumpria uma tarefa como outra qualquer. E faço questão de realçar esse aspecto para que não julguem que o que me aconteceu em seguida pudesse ser fruto de algum sentimento de expectativa ou nervosismo. Mas, ao segurar a pequena imagem de Nossa Senhora de Nazaré, recebi como que um choque elétrico pelo corpo inteiro. Fiquei paralisado, contemplando o pequeno ícone de nossa padroeira e, instintivamente, beijei os pés da imagem. Ao passá-la ao outro diretor, comecei, sem saber o "porquê", a chorar copiosamente, tomado por uma indescritível e inexplicável sensação de que estava recebendo uma bênção especial.

Não sei o que aconteceu. Mas passei a encarar aquela escultura de Maria, a mãe do Salvador, de maneira diferente. Há algo de especial, sobrenatural mesmo, naquela estatuinha. E não tenho qualquer receio de dizer, desafiando a ciência e as explicações racionais, que acredito que ela pode, sim, ter protagonizado algo espetacular quando foi encontrada. E que, simbolicamente, no curso dos séculos, se traduz com as idas e vindas, com os encontros e desencontros, com as quedas e soerguimentos, de todos nós que somos personagens da história da devoção mariana e que sabemos que ela quer estar lá, onde quer que nós também estejamos, na "Glória de Deus", servindo ao seu Filho Jesus, fazendo "tudo o que Ele vos disser". O resto será detalhe de quem não pode encarar o misterioso senão com os olhos da razão e da ciência, desprezando a ótica da fé.

SER HUMILDE, EXIGÊNCIA COMPORTAMENTAL

O primeiro passo na direção da conversão é reconhecer-se humilde, pecador que anseia pela misericórdia divina, disponível ao perdão e ao amor, ofertas gratuitas de Deus. Tenhamos a atitude do filho pródigo (leia Lucas 15, 11-32) e não sintamos vergonha em promover um retorno à Casa do Pai, abandonando estilos de vida desregrados e concupiscentes. Lembremo-nos de que não importa a nossa idade, grau de conhecimento, posição social. Sempre é tempo de iniciar essa caminhada de fé. E tenhamos a consciência dos obstáculos que advirão, muitos dos quais dentro de nós mesmos, acostumados ao comodismo, a uma vida espiritual descompromissada e fútil e a colocar o sentido da vida de forma egoísta, focada na satisfação de nossos anseios. Esse modo de viver, medíocre e vazio, quase sempre desemboca na amargura, no desencanto, na frustração, produzindo o estresse, a sensação de inutilidade, os medos e, em muitos, a descrença no sobrenatural.

É basilar que procuremos reconhecer o real sentido da humildade, virtude que a tradição da nossa Igreja coloca como essencial para que possamos nos abrir para uma vida espiritual mais profunda. Mas muitas pessoas creem que para sermos humildes deveremos adotar atitudes de "*rebaixamento*" perante os demais, ficar "*escondidos*" na multidão e "*escondermos*" nossas próprias qualidades e virtudes. Penso como o padre Alain Bandelier[2], ao escrever sobre a humildade, no site Aleteia:

> *Uma primeira certeza: ao contrário do que muitos imaginam, a verdadeira humildade não é negativa, mas positiva. Não surge de um sentimento de pequenez, desamparo ou indignidade, mas antes de tudo de admiração. Deus é tão grande, a vida é tão bela, o amor é tão precioso que está além de mim. Portanto,* é menos uma questão de se rebaixar e mais uma questão de se abrir. De fato, *existe um escondimento, um esquecimento de si mesmo; mas isso é um sinal de conversão e não de negação. Em vez de viver centrado em si mesmo, aprende-se a dar o primeiro lugar ao que está além de si:* "Quem procura ganhar a sua vida vai perdê-la; e quem a perde, vai conservá-la" *(Lc 17, 33).*

Quando exercitamos a humildade, de coração puro e decidido, passamos a sentir uma sensação maior de liberdade, pois não estaremos presos a certas condicionantes da vida social, tais como as **"competições"** para galgar melhores posições, para provar que estamos certos, para obtermos aplausos e bajulações. Nosso relacionamento irá, com certeza, ser mais frutuoso, pelo simples fato de que abandonaremos rivalidades, disputas e comparações e as pessoas estarão mais abertas ao nosso convívio e se sentirão melhores ao nosso lado.

A humildade pressupõe que o egoísmo não terá vez conosco e que praticaremos a máxima da simplicidade, vivendo e deixando os outros viverem, sendo, sempre que possível, solidários. Estaremos mais felizes, cada vez que pudermos exercitar a disponibilidade no serviço ao próximo, a praticar o

---

[2] Sacerdote da Diocese de Meaux (França) e responsável pela Casa da Caridade de Combs-la-Ville. Ele tem uma longa e profunda experiência no apoio a casais em dificuldade e pessoas que estão separadas, divorciadas e casadas novamente, sendo autor de vários livros.

bem comum e nossa confiança estará unicamente depositada no incondicional Amor de Deus pelas suas criaturas. Não devemos, por outro lado, olvidar que somos seres "*inacabados*", "*em construção*", necessitando, a cada instante, permitir que Deus aja em nós, concluindo o seu projeto.

Nelson Mandela[3], em seu livro **Conversas que tive comigo**[4], foi descobrir na prisão que o processo de autoconhecimento começa com uma profunda interiorização que só se pode obter com exercícios regulares de reflexão. Dele recolho as seguintes observações:

> *Ao avaliarmos nosso progresso como indivíduos, tendemos a nos concentrar em fatores externos, como posição social, influência e popularidade, riqueza e nível de instrução. Certamente são dados importantes para se medir o sucesso nas questões materiais, e é perfeitamente compreensível que tantas pessoas se esforcem tanto para obter todos eles, mas os fatores internos são mais decisivos no julgamento do nosso desenvolvimento como seres humanos. Honestidade, sinceridade, simplicidade, humildade, generosidade pura, ausência de vaidade, disposição para ajudar aos outros - qualidades facilmente alcançáveis por todo indivíduo - são os fundamentos da vida espiritual.*

O já citado sacerdote Alain Bandelier nos alerta que:

> *Também é preciso ter cuidado com a falsa humildade. Existe um vício de comportamento que consiste em se desvalorizar, lamentar*

---

[3] Nelson Rolihlahla Mandela (Mvezo, 18 de julho de 1918 - Johanesburgo, 5 de dezembro de 2013) foi um advogado, líder rebelde e presidente da África do Sul de 1994 a 1999, considerado como o mais importante líder da África Negra, vencedor do Prêmio Nobel da Paz de 1993, e pai da moderna nação sul-africana, onde é normalmente referido como Madiba (nome do seu clã) ou "Tata" ("Pai").

[4] MANDELA, Nelson R. **Conversas que tive comigo**. Rio de Janeiro: Rocco, 2010. p. 9.

sua real ou suposta miséria, em se oprimir com mil reprovações. Isso é na verdade o oposto da verdadeira humildade. Às vezes, é apenas uma maneira sutil e perversa de lidar consigo mesmo e chamar a atenção para si. Na maioria das vezes, *mostra também um orgulho retraído e camuflado. Essa autocrítica aparentemente virtuosa pode esconder, na realidade, sentimentos vergonhosos como amargura pelos próprios fracassos, inveja pelo sucesso dos outros, raiva pelos limites impostos pela realidade. E dessa forma, toda uma personalidade pode ser construída sobre a atitude de se denegrir, o que resulta em estruturas psicoespirituais prejudiciais, que podem ser pecaminosas, ou prejudiciais à saúde, ou ambas.*

A pessoa humilde se coloca na escola de Cristo, porque, como Ele mesmo diz 'Sou manso e humilde de coração' (Mt 11, 29). Nascido na palha, morto na cruz, escondido na glória, Ele nos revela a humildade de Deus. Ajoelhado diante dos Apóstolos para lavar os seus pés, Ele nos confirma o que sentem aqueles de coração puro: 'Se alguém quer ser o primeiro, seja o último de todos e o servo de todos' (Mc 9, 35).[5]

Santo Agostinho[6] nos brinda com esta assertiva:

É melhor um temor humilde do que uma confiança soberba. Mais agrada a Deus a humildade no pecado do que a soberba na virtude. Melhor um pecador humilde do que um justo orgulhoso. Ai do homem cujo carro é conduzido pelo orgulho!

---

[5] BANDELIER, A. Que é uma pessoa humilde? **Aleteia**, França, 2020.

[6] SANTO AGOSTINHO. **Cem páginas**. Lisboa: Livraria Bertrand, 1945.

CRER EM DEUS, UMA QUESTÃO DE FÉ[7]

Já que falamos de caminhada de fé, que tal fazermos um exame de consciência sobre a qualidade da nossa fé?

Antes, porém, é conveniente esclarecer que a fé admite dúvidas. É intrínseco da natureza humana questionar sobretudo o que pode ser confrontado com a razão. Temos a tendência de questionar tudo o que escapa à nossa limitadíssima compreensão e, quase sempre, buscar explicações razoáveis que sirvam com resposta às incontáveis perguntas que nos inquietam, principalmente as relacionadas ao sentido da vida e às origens do próprio Universo.

O saudoso papa São João Paulo II, na introdução de sua Carta Encíclica *Fides et ratio*[8], sobre as relações entre fé e razão, proclamou:

> A FÉ E A RAZÃO (*fides et ratio*) *constituem como que as duas asas pelas quais o espírito humano se eleva para a contemplação da verdade. Foi Deus quem colocou no coração do homem o desejo de conhecer a verdade e, em última análise, de conhecer a ele, para que, conhecendo-o e amando-o, possa chegar à verdade plena sobre si próprio.* (cf. Ex 33, 8; Sl 27/26, 8-9; 63/62, 2-3; Jo 14, 8; 1Jo 3, 2).

---

[7] Alguns dos textos inseridos neste livro estão presentes, também, na obra conjunta que estou elaborando com o Monsenhor Ronaldo Menezes com o título *Diálogos com o meu confessor*.

[8] JOÃO PAULO II. **Fides et ratio**. 13. ed. São Paulo: Edições Paulinas, 2010.

O que não podemos, atentos à humildade, é transformar dúvidas em ceticismo. Santo Agostinho[9] nos advertia que: "[...] *a piedade procura a Deus pela fé, a vaidade procura-O pela controvérsia*".

E é, também, do notável santo e doutor da Igreja, estes pensamentos:

> *Pela fé nos tornamos agradáveis a Deus. Compreender é a recompensa da fé. Não procures, pois, compreender para crer, mas crê para compreender. Naturalmente, o homem que não se interessa pelo conhecimento religioso pessoal, não sabe para que serve a fé. Porquanto, a verdadeira fé não subsiste sem a esperança e o amor, mas a esperança e o amor do crente têm por alvo a visão. Por isso, deve o homem crente, por meio da oração e do estudo, a par de uma vida honesta, esforçar-se por compreender, isto é, assimilar por meio do raciocínio pessoal o que abraçou pela fé. Não se ama o que se não conhece; quando, porém, se ama o que de algum modo se compreende, então o amor faz com que melhor se compreenda.*

A filosofia moderna, em parte estimulada pelo pensamento de René Descartes (um pensador cristão, criador do método cartesiano), toma como ponto de partida a dúvida e proclama que tudo aquilo que não possa ser comprovado pela razão não pode se fundar em premissa verdadeira, descartando qualquer possibilidade de existir uma "*revelação divina*" que explique as questões de fé.

A primeira questão, fundamental, é como cremos em Deus? O que, de fato, Ele representa em nossa vida?

---

[9] Ver a nota de número 5.

Dentro e fora de nossa religião, sabemos que as pessoas — excluídas as que se confessam ateus — creem na existência de Deus. Mas, se perguntarmos: quem é Deus para você?, certamente o que ouviremos serão respostas díspares que irão variar do "*Ser extremamente bondoso*" ao "*Juiz implacável*" que julga o nosso proceder. Talvez, quando pensarmos em Deus, ou nos dirigirmos a Ele em orações, nos venha à mente o retrato de um "*Velhinho simpático, de longos cabelos e barbas brancas*". Muitas pessoas O veem inacessível, "**vivendo**" muito longe de nós. Outros, apenas como o Ser a quem se recorre em momentos de aflição e desespero: o "*deus quebra-galho*".

Creio que um dos principais óbices à nossa fé e um dos nossos maiores erros é a pretensão de querer definir Deus, de alguma forma concebê-lo e — o que é pior — criá-lo à nossa imagem e semelhança.

Esculpir uma ideia de Deus, como fizeram em nosso aprendizado de religião ou mesmo, quando criancinhas, como o "*Velhinho bondoso*" (mas que era capaz de "*ralhar*" conosco enviando atemorizantes raios e trovões) é começar a fazer uma incomensurável limitação do que possa vir a ser um conceito de Deus. Dizer que Deus é energia, que é toda a Natureza, que é isso ou aquilo, pouco ou nada irá significar para uma representação real da divindade.

Não tente conceber Deus. Nós somos infinitamente minúsculos para conseguir fazer isso. Aquele que fosse capaz de exprimir com exatidão o que é Deus estaria muito próximo da divindade. E eu vejo aí uma das facetas do pecado original — essa tendência natural do homem em querer explicar, definir Deus, igualar-se a Ele no conhecimento de todos os mistérios do Universo. Deus é indefinível. Para nós (e, provavelmente para Ele) é suficiente que O tenhamos no mais profundo do nosso entendimento como um Ser Supremo, causa primeira de todas as coisas e que tem por nós, suas criaturas, um Amor sem limites. E que saibamos que podemos encontrá-lo, primeiramente, dentro de nós mesmos, sem pretender, é claro, aceitar a concepção do *"deus de Spinoza"*[10]. Não façamos de Deus uma caricatura, nem O imaginemos cruel e vingativo. Tenhamos presente em nós que Deus é, além do Amor, o perdão. O essencial é que *"sintamos"* Deus presente em nós e que possamos orientar nossa existência no sentido de *"estar com Ele"*.

---

[10] Baruch Spinoza foi um filósofo holandês que viveu no século XVII, considerado um dos grandes racionalistas da filosofia moderna, ao lado de René Descartes e Gottfried Leibniz.

MEDO MAIOR QUE A FÉ[11]

Talvez seja fácil dissertar sobre o conflito entre os nossos medos e a fé que nos alimenta quando não tenhamos vivido situações desesperadoras ou momentos de elevada tensão emocional diante de perigos reais e de incertezas quanto aos desfechos de determinadas circunstâncias em nossa existência. Só quem sentiu, na carne e no espírito, qualquer tipo de abalo emocional capaz de provocar uma desestabilização comportamental pode testemunhar e avaliar os impactos que o medo causa em nossas convicções mais sólidas.

Eu diria, para quem já ainda não teve a desdita de atravessar as terríveis ondas da adversidade, que é conveniente exercitar-se, promover um treinamento diário, preparando-se para enfrentá-las senão com serenidade, pelo menos com a confiança de que Deus nunca nos abandona, por mais que a barca pareça afundar em meio à tempestade. A oração contínua, desenvolvida em ambiente propício, sem distrações, que nos concentre nos propósitos de nos unirmos aos projetos divinos, aceitando a vontade de nosso Criador sem pretender impor a nossa, é um caminho seguro que pode fortalecer nossa musculatura espiritual.

O princípio fundamental da verdadeira fé, em sólida base de racionalidade (não nos esqueçamos que fé e razão não são antagônicas, se colocados de forma lógica, sem radicalismos filosóficos), é determinar o que nós cremos. Não pode ser

---

[11] Artigo publicado em *O Liberal*, edição de 8 de agosto de 2021.

aleatória, muito menos supersticiosa ou condicionante. Assim como eu creio que existe o ar que eu respiro, mas não vejo, e sei que ele é essencial para que possa me manter vivo, acreditar que existe um Ser Superior, criador de todas as coisas, que não é visível ao olhar humano, mas está presente em tudo e é a razão última de eu existir, é o ponto de partida para a minha integral aceitação e plena adesão ao seu Amor que nos é ofertado gratuitamente. Não cabem dúvidas, objeções, questionamentos — se eu alimento um firme propósito de crer em Deus — nessa dádiva amorosa.

Sempre contestei, vinda de onde vier, inclusive de supostas interpretações de textos bíblicos, que Deus "teste" as suas criaturas para conhecer suas dimensões em relação à fé. Crendo, como creio, que Deus é Amor absoluto e irrestrito, impossível admitir que possa infligir tormentos aos seus filhos para conhecer-lhes a fidelidade, a crença inabalável. Essa seria a imagem de um deus sádico, que se compraz com o sofrimento, provando com a dor o amor que espera receber. Isso não cabe no meu raciocínio.

Parto da premissa de que somos produtos de nossas escolhas. Desde que atingimos determinada idade, com capacidade de decidir, temos opções que a vida nos oferece. A cada instante, mesmo que não nos apercebamos disso e das consequências que as decisões tomadas poderão acarretar no futuro, fazemos uso da nossa autodeterminação. Fomos criados para sermos livres, nosso livre arbítrio é inquestionável, razão pela qual, sempre que nos defrontarmos com o advento de transtornos, perigos, ameaças, doenças até, devemos nos indagar qual é o grau da nossa contribuição pessoal para que isso ocorresse. É fato que existem eventos em algumas circunstâncias que poderiam entrar no rol das impossibilidades, em razão das condutas irrepreensíveis de quem é atingido por uma tragédia e nos questionamos: por que isso acontece com uma pessoa tão boa? Ainda assim, antes de atribuirmos aos desígnios de Deus a origem do infortúnio, procuremos pesquisar as circunstâncias que levaram a um desfecho negativo. Continuarei afirmando que Deus é bondade inflexível e que nossos medos não podem ser maiores que a nossa fé.

O AMOR DE DEUS

Imagino que você, caro leitor, seja um cristão convicto, engajado em algum dos movimentos e serviços da Igreja. Ótimo, vai ser muito fácil conversar com você.

No entanto, é possível que o querido irmão ou irmã seja um dos muitos batizados que frequentam as Missas dominicais (assistem, mas não participam), rezam suas orações diárias, comungam com alguma assiduidade, mas não querem compromissos com o trabalho pastoral. Muito bem, creio que não teremos dificuldades em nos fazer compreender.

E até mesmo se você pertencer àquele grupo de milhares (milhões???) de católicos que só "**vão**" às Missas de casamento ou sétimo dia (simplesmente como "dever social"), raramente comungam e afirmam que se "**comunicam**" diretamente com Deus por meio de suas preces, não será tão difícil assimilar nossa mensagem. Se este livro chegou às suas mãos e você se interessou por ele, já posso considerar esse fato como uma benção.

Qualquer que seja o perfil em que você se enquadre, não vejo necessidade de tecer maiores comentários sobre o incomensurável Amor que Deus tem por todas as suas criaturas, sem distinções. E tenho certeza de que você O sente, diuturnamente, minuto a minuto, em sua existência. Sou tão inflexível quanto à compreensão do conceito do ilimitado e incondicional desse Amor que não posso conceber a ideia de que Ele, de alguma maneira, por exemplo, queira o sofrimento humano. Não aceito a hipótese de que faça parte dos Seus planos afligir uma pessoa com doenças, tragédias familiares, fome, desemprego, seja lá o que for, para lhe testar a fé.

DEUS NÃO É CULPADO DAS NOSSAS TRAGÉDIAS

Deus não tem culpa das nossas desgraças pessoais ou dos flagelos da humanidade. O paraíso que Ele criou para nosso usufruto, nós, os homens, o modificamos à nossa maneira, contribuindo, em grande parte, para transformar a vida humana em verdadeiro inferno. Quando desprezamos o princípio básico do Amor que obrigatoriamente deveríamos ter uns pelos outros, começamos a plantar as inimizades que poderão resultar em ódio sem limite. As guerras entre os homens são o fruto do desamor e Deus não tem nada a ver com isso. Quando permitimos que o nosso egoísmo assuma proporções incontroláveis, vamos adubando outros sentimentos menos dignos como a inveja, a soberba ou até mesmo criminosos quando, transformados em ambições desregradas nos conduzem à corrupção, ao furto e a assassinatos. Você pode admitir que isso faça parte dos desígnios divinos?

Muitas das doenças que atormentam a humanidade resultam da própria ação do homem: a covid-19, que nos inferniza no momento presente, é atribuída a experimentos em laboratórios chineses; a aids é uma decorrência da perversão sexual do gênero humano e é inconcebível imputar a Deus, que quer nos ver senhores do nosso destino, por livre opção, a responsabilidade, se a nossa conduta tende ao desregramento e nós nos entregamos à permissividade do sexo livre e às drogas.

A generalização do câncer é uma decorrência do somatório de vários fatores que começam com as nossas próprias maneiras de viver (fumo, hábitos alimentares, descuido com a saúde) passando, é natural, pelos testes nucleares que liberam radiações atômicas nocivas à saúde humana e por outras decorrências da modernidade; liberação de gases tóxicos pelos veículos nas grandes cidades, uso de produtos químicos nas lavouras etc. De que modo é plausível atribuir a Deus o que é produto da nossa "inteligência"?

O mundo foi criado de modo a poder suprir as necessidades de todos. Não foi Deus quem nos organizou em nações nem dividiu o planeta em ricos e pobres. Fomos nós que somos predadores de nossa própria espécie, que estabelecemos tais critérios fundados no egoísmo, na ambição, na sede de poder e no desprezo pelo nosso semelhante. Se há fome na Índia, na África, no Nordeste brasileiro ou nas baixadas de Belém, não terá sido a vontade divina quem assim o quis. O panorama desses quadros de tragédia, incompatíveis com o Amor de Deus, é reflexo exclusivo de governos insensíveis, inescrupulosos, corruptos ou incapazes, formados por homens para os quais não existe sequer o temor do julgamento final quanto mais a concepção de um sentimento de solidariedade e de justiça que se possa traduzir por respeito à dignidade de toda a criatura.

QUAL É A NOSSA RESPONSABILIDADE NOS ACONTECIMENTOS?

Não sei se já nos ocorreu indagar, quando nos acontecem coisas ruins, se tivemos alguma parcela de responsabilidade nesses acontecimentos, por ação ou omissão. Uma negligência ou um descuido podem causar fatalidades que nos levam, conscientemente ou não, a atribuir aos imperativos da vontade de Deus o que, em alguns casos, poderia ter sido evitado. Dizer, simplesmente, "*Deus quis assim*", "*É a vontade de Deus*" ou "*Deus está testando a minha fé*" é fazer um conceito deformado do nosso Deus de Amor, no mínimo conferindo-lhe atitudes sádicas.

O Deus que estabeleceu um plano de salvação para toda a humanidade, com o sacrifício de seu próprio Filho para a redenção do gênero humano, que nos busca a todo instante, procurando nos mostrar os caminhos do Amor, não pode ser capaz de nos "*testar*" à custa de nosso sofrimento pessoal ou daqueles a quem amamos de modo mais especial.

Esta é, pois, a primeira colocação que fazemos à nossa reflexão: Deus nos criou com autodeterminação, o que significa dizer que somos livres para fazer a opção que quisermos para a nossa vida; Deus nos enviou seu Filho, Jesus Cristo, para nos anunciar o Caminho, a Verdade e a Vida, única bussola para que o nosso destino seja o da eternidade, no conhecimento da verdadeira felicidade que é viver em comunhão com o Pai. Dessa forma, nenhuma espécie de sofrimento poderá ser atribuída à vontade de Deus, pois sendo Ele um Deus de Amor, de Justiça e de Perdão, não faria conosco "**experiências**" dolorosas.

O sofrimento humano é fruto exclusivo do pecado de cada qual, por ações ou omissões.

AS DÚVIDAS E OS QUESTIONAMENTOS

Haverá momentos (é tão humano ocorrer isso!) em que seremos assaltados pela dúvida, perseguidos pela angustiante busca de conhecer a origem do Universo, o *"por quê"* estamos neste planeta, o que haverá depois da morte, qual é o real sentido de tudo o que acontece? Da minha parte, confesso, em autorreconhecimento às minhas limitações para compreender e explicar tão enormes mistérios, optei por uma adesão à fé, reconhecendo nos ensinamentos de Jesus Cristo, por meio da leitura dos Evangelhos, onde encontrar *"o Caminho, a Verdade e a Vida"* (Jo 14, 6). Se conheço o Filho, reconheço o Pai, pela inspiração do Espírito Santo. Nada mais é necessário.

Deus, o Alfa e o Ômega, o princípio e o fim de todas as coisas, é Aquele a quem devemos *"amar sobre as todas as coisas, de todo coração, de toda alma e de todo o entendimento"* (Mt 22, 37). Para quem deverá ser encaminhado todo o sentido da nossa existência.

Para Ele orientemos nossas orações de louvor e gratidão, assim como as de súplica e pedidos de perdão e que venha a nós o seu Espírito Santo para nos conceder seus dons e nos dar a verdadeira sabedoria.

Saibamos, também, e isso é de extrema necessidade, contemplar a face de Cristo no rosto de cada irmão nosso. Identificá-Lo em todas as pessoas que sofrem, os que vivem à margem da sociedade, nas sarjetas, entregues aos vícios e à própria solidão; nos pobres e desvalidos, nos que são injustiçados. Senti-Lo na Igreja, comunidade de irmãos, onde nos reunimos para louvá-Lo, mas, também, para exercitarmos nossa solidariedade e ação apostólica.

A BUSCA INCESSANTE DE DEUS

A cada um de nós é concedido um tempo no decorrer do qual devemos pôr em prática nossos carismas e talentos. Às vezes custamos a compreender, em sua real dimensão, o projeto de Deus para a nossa vida e, também, quais são essas nossas aptidões que devemos colocar a serviço do bem comum.

Nascemos e vivemos com um propósito, que deve ser o sentido da nossa existência, qual seja alcançar a vida eterna, na plenitude da Graça Divina. Não devemos, por óbvio, tentar concretizá-lo de maneira egoísta, pensando exclusivamente na própria salvação, desprezando os outros. Semelhante conduta, por mais que cumpramos os mandamentos e vivamos sem fazer mal a ninguém, não é garantidora de um lugar no Céu, pois estaremos afastados da comunhão com os demais e desprezando nosso compromisso de levar a mensagem salvífica a toda a criatura.

Importa que sejamos bons, é lógico! Mas devemos alimentar no nosso cotidiano o desejo de nos colocar em atitude de fraterna acolhida, levando ao outro, no mínimo, uma palavra de encorajamento, esperança e fé.

Desde o despertar até o adormecer devemos ter em mente a busca incessante de Deus. Agradecer a Ele as graças recebidas, eventuais provações que possam fortalecer nossa crença em seus insondáveis desígnios, pedir que o Espírito Santo aja em nós nos concedendo sabedoria para o correto discernimento em nossa conduta e que nosso Anjo da Guarda nos livre das ciladas e das tentações mundanas; pedir a bênção sobre nossos alimentos, nosso trabalho, nosso lazer. Lembramos de invocar a bondade divina quando vivenciamos uma situação de perigo, recebemos uma notícia má ou precisamos realizar um empreendimento, contudo, quantas vezes, em meio às alegrias de um momento de descontração e festa, esquecemos de O louvar por nos permitir desfrutá-lo.

Mas tenhamos em mente que vamos encontrar Deus tanto no íntimo de nós como na figura do nosso próximo que devemos, sempre, vê-lo como imagem do Cristo que nos chama a exercer nossa vocação missionária para o bem. Ele não está no inacessível infinito, surdo aos nossos clamores e cego às nossas aflições, mas bem juntinho de nós e sempre presente quando nos reunimos em Seu Nome e O invocamos com plena convicção de que seremos ouvidos.

Não olvidemos que somos suas criaturas, amadas por Ele desde a eternidade e a que a esse incondicional Amor devemos total reciprocidade.

COMUNICAR-SE COM DEUS

A forma mais simples e direta do relacionamento com Deus é a oração. A oração não exige fórmulas predeterminadas, o importante é que ela expresse o nosso sentimento sincero, que seja uma conversa franca e respeitosa com Aquele que é o nosso Pai.

Não seja simplista ao ponto de considerar que "*se Deus conhece as minhas necessidades, eu não preciso expô-las*". É verdadeiro que Ele sabe o que nós necessitamos, mas não esqueça que temos autodeterminação e somos capazes de eleger prioridades que podem às vezes não ser coincidentes com as prioridades divinas a nosso respeito, ressaltando, é óbvio, que Deus quer sempre o melhor para nós.

O importante é que não façamos do nosso diálogo com Deus uma fórmula comercial no melhor estilo de barganha: "*prometo que se eu conseguir isto eu farei aquilo*". Deus não precisa das coisas materiais que possamos a Ele oferecer. O que ele quer é a nossa conversão pessoal, nossa adesão ao projeto de construção do seu Reino, para nós concebido para a eternidade.

Prometer simplesmente que se vai acompanhar o Círio na "*corda*", de pés descalços, carregando pedras, melancias, objetos de cera ou de madeira, entrar de joelhos na Praça Santuário, pode traduzir um forte conteúdo simbólico, mas jamais constituirá a forma mais correta de exprimir a nossa gratidão por uma graça alcançada. Mas se dissermos que vamos colocar a nossa vida ao serviço dos mais carentes, aí sim, entraremos em sintonia com o plano de Deus: "**Misericórdia é que eu quero, e não sacrifício**" (Mt 9, 13).

Nossa conversa com o Criador deve ser, mais do que diária, feita a todo o momento desde o nosso despertar, agradecendo a noite que passamos e oferecendo o nosso dia. Se estamos saudáveis, olhemos para o nosso corpo e agradeçamos pela saúde. Se estivermos adoentados, peçamos pelo retorno de nossa vitalidade e busquemos realizar um aprendizado com esse sofrimento: pense na intensidade ou na gravidade do seu caso e imagine quantas pessoas estão piores que você. Mesmo que você esteja desenganado, pense de que maneira você pode transformar o restante dos seus dias em um perfeito oferecimento a Deus, de tal sorte que você receba como alívio, como um bálsamo, a expectativa de Grande Encontro.

O que devemos pedir, como prioridade, para as nossas vidas? Creio que o mais importante seja desejar ardentemente que tenhamos a verdadeira PAZ, aquela que vem de Cristo. Façamos, ao final de cada dia, o exame de consciência, identificando nossos erros, agradecendo pelas oportunidades de fazer o bem, assumindo nossos propósitos de correção.

O QUE PEDIMOS PARA DEUS?

Aconteceu que Jesus estava numa cidade, e havia aí um homem leproso. Vendo Jesus, o homem caiu a seus pés, e pediu: "Senhor, se queres, tu tens o poder de me purificar". Jesus estendeu a mão, tocou nele, e disse: "Eu quero, fica purificado". E imediatamente, a lepra o deixou. (Lc 5, 12-16)

Assim como todo o Evangelho, o trecho de Lucas posto em destaque é repleto de simbolismos e ensinamentos para todos nós! O leproso revela a sua fé no poder de Jesus, mas, com humildade, reconhece que o seu desejo de se curar deve estar em consonância com a vontade de Deus. E o Cristo não o rejeita pelo fato de *"estar imundo"* conforme as prescrições da época. Muito pelo contrário: Ele o acolhe e realiza o milagre.

Quantas vezes nós discriminamos as pessoas por causa de suas *"lepras"* e as afastamos do nosso convívio de forma preconceituosa, condenando-as à marginalização, quando deveríamos agir com compaixão e misericórdia, buscando promover suas *"curas"*, o que significa oferecer oportunidades de reinserção social, respeito à dignidade humana, mostrar-lhe os caminhos da conversão!

Nós mesmos precisamos ser *"purificados"* de nossos pecados traduzidos por conduta egoísta, segregadora, elitista, incapaz de ver no irmão a face de Jesus e amá-lo sem distinções. O fato de possuirmos uma boa aparência física e nos trajarmos bem não irá esconder, aos olhos de Deus, as nossas *"lepras"*, os pecados que vão crescendo em nós!

Que saibamos, também, ao fazer as nossas súplicas, ter a consciência de que o que importa mesmo é considerar "**se Deus quer**", se é essa a Sua vontade e o melhor para nós mesmos! O próprio Cristo, vivendo a agonia da proximidade de sua Paixão, na sua condição humana, implorou ao Pai que fosse afastado o cálice do sofrimento atroz que sofreria, mas afirmou com serenidade: "**mas seja feita a Tua vontade e não a minha**".

OS VERDADEIROS TESOUROS

O Evangelho do 17º Domingo do Tempo Comum, em 30 de julho de 2023, apesar da profundidade e extensão do seu significado, passa ao largo da consciência de muitos cristãos. Longe de representar a cobiça por um *"tesouro escondido no campo"* ou pela *"pérola rara"* de valor incalculável, a mensagem contém um alerta justamente no sentido oposto, ou seja, do total desapego aos bens materiais para que a verdadeira *"riqueza"* que é a vida eterna na graça de Deus seja conquistada a qualquer preço.

A existência de muitas pessoas é vivida, hoje e sempre, na busca dos valores terrenos, efêmeros, que produzem, quando alcançados, fugazes instantes de felicidade. O sentido de estarmos aqui, nesse lapso temporal que nos é concedido entre o nascimento e o desaparecimento físico, está centrado para a maioria da humanidade na conquista de poder, fama, patrimônio crescente e dos prazeres que lhes são consequentes.

Essa desenfreada ânsia por tais *"tesouros"* conduz, invariavelmente, a condutas egoístas, disputas acirradas entre seres humanos e nações, torna-se a motivação de muitas guerras, enquanto, no outro lado da moeda, milhões e milhões de homens e mulheres, em todas as partes do mundo, padecem de fome, doença, misérias de toda a ordem, uma brutal desigualdade causada pela insensibilidade e indiferença dos que se preocupam exclusivamente com o bem-estar pessoal.

Chegará o momento, mais cedo ou mais tarde, em que as redes serão lançadas e todos os peixes serão capturados. Será, então, o instante em que os pescadores, na forma de anjos celestiais, farão a separação entre as espécies boas e as más. Não haverá mais tempo para arrependimentos ou mudanças de rumos.

Crer em tais verdades é uma questão exclusiva da fé. Há os que apostarão na proposta material de que tudo se acaba com a morte. Outros procederão como o rico, na passagem em que o mísero Lázaro comia de suas migalhas, sem obter sucesso na hora do julgamento: sua "recompensa" foi obtida enquanto esbanjava sua pródiga fortuna.

Fique claro, nesta reflexão, que não me proponho a condenar os que se esforçam por obter alguma forma de sucesso na sua passagem terrena, seja ela em qual campo for. É da natureza humana perseguir objetivos e metas, inclusive no que concerne à segurança de uma vida tranquila, sem aflições e necessidades, o que é louvável. O que deve ficar claro para todos nós é que não devemos nos apegar a esses valores ou riquezas, de modo a desprezar os verdadeiros bens espirituais que nos garantam alcançar esse terreno onde está guardado o "**tesouro**" da graça Divina ou conquistar a "**pérola**" contida no Reino dos Céus.

VENCER AS TENTAÇÕES, O GRANDE DESAFIO

Quando rezamos o *"Pai Nosso"*, dizemos em uma das petições: *"Não nos deixeis cair em tentação"*. As tentações existem desde que o homem adquiriu sua condição de ser inteligente: na linguagem bíblica aprendemos que Deus deu ao primeiro casal Adão e Eva o Paraíso e todas as suas delícias para que o desfrutassem em plenitude. Havia uma única condição: não comerem da árvore plantada no centro do Éden. A serpente, representação demoníaca do mal, inspirou a mulher para que, desobedecendo ao preceito divino, experimentasse da fruta que lhe permitiria o conhecimento da ciência do bem e do mal e a levasse ao seu companheiro. Essa é uma história assaz conhecida e que bem ilustra essa tendência natural que a criatura humana tem para o pecado, para as transgressões, para desafiar Deus.

Eu costumo afirmar que, quando desejarmos saber quem é o nosso pior inimigo, basta nos colocarmos diante de um espelho. Somos seres absolutamente frágeis, facilmente levados às paixões mundanas, que vivemos atraídos pelas seduções do mal, a maioria das vezes travestidas de beleza e prazer, ou de glória e poder, emanações semelhantes que são capazes de nos transformar radicalmente, fazendo com que nossa conduta se processe em desacordo com o projeto divino.

Santo Agostinho, que pode ser apontado como o modelo de conversão, assim se manifestou sobre o tema[12]:

> Com as tentações não pretende Deus saber alguma coisa que antes ignorasse, mas, sim, que por meio da tentação - que é uma interrogação de Deus - apareça às claras o que andava às escuras dentro do homem.
>
> Antes que adquirisses dinheiro, eras humilde. Enriquecestes, e agora desprezas os pobres. Tornaste-te pior, porque já eras mau.
>
> Ignoravas como é que o dinheiro te pudesse fazer pior, e por isso pedias riquezas. Deus deu. Deus provou. Tu achaste, e foste achado. O demônio não seduz nem conquista homem algum no qual não encontre uma ou outra semelhança consigo. Encontra alguém desejoso? Esse desejo abre-lhe a porta, e o demônio entra, segredando tentação. Encontra a outro tímido, e logo o incita a fugir de todo daquilo que teme, como impeliu aqueloutro a desejar o que às ocultas já andava namorando. É por estas duas portas, o desejo e o temor, que o demônio entra. Oh! Quantos mistérios se ocultam na alma humana! Quantos recantos obscuros!

Pior ainda quando nos transformamos em agentes transmissores do mal, do pecado, levando nossos semelhantes a situações de erro. E, podem crer, essas circunstâncias são tão comuns que, na maioria das vezes, passam despercebidas por nós. Vamos ver?

NAS REDES SOCIAIS — Independentemente de sexo ou idade, tem sido comum os usuários do Facebook, Instagram e WhatsApp receberem e compartilharem mensagens com con-

---

[12] Santo Agostinho, 1945.

teúdo imoral ou pornográfico. São fotos (as chamadas "nudes"), vídeos de sexo explícito, sites de encontros, anedotas obscenas que circulam e, não raro, entre pessoas que se dizem cristãs, frequentam igrejas e até participam de pastorais, movimentos e serviços eclesiais. A atitude correta é, se eventualmente receber algo parecido, deletar e solicitar ao remetente que evite tais postagens. O pecado residirá se, além de ver, replicar para outras pessoas ou grupos, disseminando o que é pernicioso, nada edificante e, na verdade, agente de desconstrução de caráter, enfraquecedor de espíritos e vírus do mal.

O que se constata, infelizmente, é que é muito difícil as pessoas lerem *"posts"* com fundamentos no Evangelho, se inscreverem em canais religiosos, buscarem sites de espiritualidade, mas disseminam com extrema facilidade e rapidez as imoralidades e pornografias. E ainda se acham no direito de criticar quem busca proceder com rigidez e escrúpulos quanto aos princípios de respeito aos valores cristãos, chamando-os de *"santarrões"*, *"carolas"* e outros adjetivos depreciativos ao que deveria se constituir uma conduta normal.

EM CONVERSAS COM AMIGOS – Em uma *"rodada"* no bar, em festas, em qualquer tipo de encontro, cercado de amigos, ouvimos anedotas de todos os tipos (inclusive as que envolvem a Igreja e seus Ministros), histórias de todos os matizes. Qual é a nossa postura nesses casos? Ouvimos e silenciamos? Registramos o nosso descontentamento com o rumo da prosa? No caso em que os casos envolvam nossa Igreja ou a religião, buscamos defendê-la? Preferimos *"sair de fininho"*, para não causar celeumas ou nos comprometer? Ou participamos ativamente, inclusive contando os nossos próprios *"causos"*?

É difícil, eu sei, assumir a pecha de *"santarrão"*, até para não perdermos o convívio dos amigos que não aceitam qualquer tipo de comportamento "*carola*". É uma das opções que fazemos, diante do mundo, a escolha entre o bem e o mal, entre o certo e o errado, entre o "*estar com Deus*" ou "*preferir o mundo*".

A PRAGA DAS FOFOCAS – É terrível a prática de falar mal dos outros, comentar a vida alheia sem qualquer propósito edificante, "*fofocar*" pelo simples prazer de divulgar fatos e circunstâncias negativas de nossos semelhantes. Não nos apercebemos que, ao proceder assim, vamos revelando um lado perverso na nossa conduta, pois quem ouve o que propagamos das pessoas, conhecidas ou não, provavelmente nos julgará como não merecedores de confiança.

Ao tomarmos conhecimento das dificuldades de relacionamento de um casal, nossa atitude poderá ser a de orar por ele, buscar (se existir intimidade para tal) uma aproximação no sentido de oferecer aconselhamento ou, se soubermos quem efetivamente tenha condições de orientar, de modo estritamente confidencial, relatar essa dificuldade para ajudar o casal a superar a fase difícil. Propagar, da forma "sabes que fulano e fulana estão se separando?", é pura maledicência despropositada. O mesmo se aplica às situações que envolvam doenças e dificuldades financeiras.

Terríveis, também, são as posturas críticas sobre o modo de vestir de cada qual, a maneira como falam e comem, o comportamento em público. Se acho errado, cafona ou deselegante (um olhar sempre subjetivo, presidido por critérios pessoais...), o certo é dirigir-se diretamente à pessoa e, fraternalmente, apontar essas falhas para aperfeiçoá-la. A isso se chama amor fraterno. O contrário, é abominável.

O DEMÔNIO EXISTE, SIM!

Dirigiram-se para Cafarnaum. E já no dia de sábado, Jesus entrou na sinagoga e pôs-se a ensinar. Maravilhavam-se da sua doutrina, porque os ensinava como quem tem autoridade e não como os escribas. Ora, na sinagoga deles achava-se um homem possesso de um espírito imundo, que gritou: "Que tens tu conosco, Jesus de Nazaré? Vieste perder-nos? Sei quem és: o Santo de Deus!". Mas Jesus intimou-o, dizendo: "Cala-te, sai deste homem!". O espírito imundo agitou-o violentamente e, dando um grande grito, saiu. Ficaram todos tão admirados, que perguntavam uns aos outros: "Que é isto? Eis um ensinamento novo, e feito com autoridade; além disso, ele manda até nos espíritos imundos e lhe obedecem!". A sua fama divulgou-se logo por todos os arredores da Galileia. (Evangelho: Mc 1, 21b-28)

Nos dias atuais não são poucas as pessoas que afirmam que o diabo não existe, que o mal é inerente à condição humana. Se cremos na Palavra de Deus, aqui está uma passagem do Evangelho que nos mostra que a realidade da existência de Satanás e de seus poderes. O demônio, personificado no espírito imundo que dominava aquele pobre homem, testemunha que Jesus é "**o Santo de Deus**", mas não o reconhece como o Senhor de sua vida.

A Humanidade, mais do que nunca, precisa da "**autoridade de Jesus**" não apenas para silenciar os "**espíritos imundos**", mas expulsá-los de nosso meio. Eles, os "**espíritos imundos**", estão corporificados naqueles que, tendo o poder, promovem o mal, as divisões, locupletam-se com os bens alheios, fazem a má política. Mas podem estar, também, na Igreja, no nosso meio social, como agentes de tentação para tentar nos perder. Sejamos vigilantes e cultivemos a fé, sabendo que Jesus, estando ao nosso lado, jamais o mal poderá vencer.

O OLHAR, INSTRUMENTO DA TENTAÇÃO

> *A lâmpada do corpo é o olho. Portanto, se o teu olho estiver são, todo o teu corpo ficará iluminado; mas, se o teu olho estiver doente, todo o teu corpo ficará escuro. Pois se a luz que que há em ti são trevas, quão grandes serão as trevas!*[13]

"Onde 'repouso' meu olhar?" – Certa vez escutei em uma homilia o sacerdote afirmar que olhar não era pecado. O pecado era manter o olhar, fixá-lo na imagem que pode conduzir a ele. Estava se referindo ao fato de uma pessoa, em determinada circunstância, pousar seu olhar em algo provocante (no caso dos homens, nos ousados decotes de uma mulher, nas suas formas insinuantes, nas roupas muito colantes, por exemplo). O erro estaria se a vista "*repousasse*" nessa exibição, despertando desejos e a própria libido.

> *Quando caminho por aí, às vezes na própria igreja, não consigo tirar o olhar de mulheres que exibem corpos lindos e trajam roupas sensuais. A situação complica mais ainda nas praias, com os trajes sumaríssimos que desfilam por lá. Vejo quase impossível reprimir os desejos e os pensamentos que reconheço serem pecaminosos. Como proceder?*

---

[13] Esta passagem do Evangelho de São Mateus integra o chamado "Discurso Evangélico" (ou das "bem-aventuranças) que Jesus Cristo fez às multidões em uma das colinas próximas de Cafarnaum, cujo texto inicia no Capítulo 5 e se estende até o Capítulo 7.

Tenho certeza de que esta é uma situação comum, que, mudadas as circunstâncias, é aplicável, também, às mulheres.

A tentação em si não constitui um pecado. Mas, se não colocarmos o devido freio em nossos impulsos, deixando que os pensamentos e desejos evoluam em nossa mente, estamos possibilitando que se transformem em atitudes pecaminosas, permitindo que prospere uma conduta repreensível aos olhos de Deus. Não nos esqueçamos da advertência de Jesus Cristo, narrada por Marcos (7, 20-23): **Ele disse:**

> O que sai do homem, é isso que o torna impuro. Com efeito, é de dentro do coração dos homens que saem as intenções malignas: prostituições, roubos, assassínios, adultérios, ambições desmedidas, maldades, malícia, devassidão, inveja, difamação, arrogância, insensatez. Todas estas coisas más saem de dentro do homem, e são elas que o tornam impuro.

Educar o olhar é um exercício e um desafio. Começa com a disposição interior, a determinação de que é possível, sim, desviar a visão de tudo o que pode levar a situações pecaminosas, inclusive quando, no celular, recebemos fotos e vídeos eróticos, textos pornográficos, que são enviados por quem não tem compromisso cristão. Aqui reside uma prova que devemos dar, na prática, de que somos fiéis cumpridores do primeiro mandamento: amar a Deus sobre todas as coisas! Se estivermos em comunhão permanente com Deus, pela leitura e prática de seus ensinamentos, frequência aos Sacramentos, estaremos nos revestindo de seu Amor que nos fornecerá as armaduras espirituais para resistir às tentações.

A natureza humana é fraca e facilmente seduzida pelo pecado e estamos sujeitos a elas que se apresentam em muitas oportunidades, sobretudo neste mundo demasiadamente materialista e dominado pelos apelos eróticos e sensuais. Isso pode ocorrer por causa da inclinação natural para o pecado que todos nós temos. Na Epístola aos Romanos (12, 1-2 e 11-14), São Paulo é enfático:

> *Exorto-vos, portanto, irmãos, pela misericórdia de Deus, a que ofereçais vossos corpos como hóstia viva, santa e agradável a Deus: este é o vosso culto espiritual. E não vos conformeis com este mundo, mas transformai-vos, renovando a vossa mente, a fim de poderdes discernir qual é a vontade de Deus, o que é bom, agradável e perfeito.*
>
> *Tanto mais que sabeis em que tempo estamos vivendo: já chegou a hora de acordar, pois nossa salvação está mais próxima agora do quando abraçamos a fé. A noite avançou e o dia se aproxima. Portanto, deixemos as obras das trevas e vistamos a armadura da luz. Como de dia andemos decentemente; não em orgias e bebedeiras, nem em devassidão e libertinagem, nem em rixas e ciúmes. Mas vesti-vos do Senhor Jesus Cristo e não procureis satisfazer os desejos da carne.*

O missionário cearense Francisco Fábio Nunes, candidato às Ordens Sacras e atuando no Departamento de Internet da Comunidade Canção Nova, publicou no site dessa comunidade interessante um artigo sobre o tema: **"O pecado pode nos tentar através do olhar. E agora?"**, cuja primeira parte aqui transcrevo:

> *"Tanto assim que gememos pelo desejo ardente de revestir por cima da nossa morada terrestre a nossa habitação celeste" (II Cor 5, 2). É citando a epístola aos coríntios que Agostinho começa a falar da tentação do olhar na sua obra 'Confissões'. Embora desejoso por habitar nos átrios de Deus, ele era*

acometido das vontades da carne. Homem que era, traz em sua natureza a consequência da queda dos primeiros viventes, a concupiscência. Não diferente de Agostinho, acredito que você, em algum momento, seja tentado em alguma área. Contudo, vejamos o que o santo de Hipona nos ensina. Antes de tratar sobre a tentação do olhar, Agostinho relata a inclinação do ser humano ao pecado por ter a sua vontade dilacerada.

O inimigo dominava-me o querer e forjava uma cadeia que me mantinha preso. Da vontade pervertida nasce a paixão; servindo à paixão, adquire-se o hábito, e, não resistindo ao hábito, cria-se a necessidade [...] Desse modo, tinha duas vontades, uma antiga, outra nova; uma carnal, outra espiritual, que se combatiam mutuamente; e essa rivalidade me dilacerava o espírito. [1]

Agostinho tinha o desejo de habitar na casa de Deus, porém, acontecia dentro de dele essa luta que, em todas as horas, fazia questão de lembrá-lo de sua fraqueza. O olhar aprecia a beleza das formas, das cores, da luz. As luzes do mundo com sua atração e sua perigosa doçura [2] seduzia os cegos de Deus. Ele reconhecera que não deveria amar tais criaturas, mas somente o autor dessas belezas.

Era a Deus que ele precisava amar. Tal como Agostinho, nós precisamos amar a Deus, colocar a primazia do nosso amor n'Ele. Somos tentados e até caímos em pecados porque estamos colocando outras coisas no lugar de Deus e assim nos perdendo d'Aquele que precisaria ser o foco do nosso amor.

Agostinho lembra quantas coisas acrescenta-se à tentação do olhar, coisas que sedu-

zem, desvirtuando assim a vontade reta. Lembra-se de roupas, das variadas artes, aqui peço licença para acrescentar alguns elementos próprios do nosso tempo, como filmes, danças, joias, reality shows, certas músicas e, por consequência, as danças, que prendem o nosso olhar e podem nos levar a pecar. Vale lembrar de uma arma tão eficaz contra esse pecado, chamada moderação. Até mesmo as coisas lícitas sem o crivo da moderação podem se tornar pecados. Meus caros, a moderação forma santos!

Referências:

[1] AGOSTINHO. *Confissões.* São Paulo: Paulus, 1984, p. 210-211.

[2] Ibid., p. 306.

E quantas pessoas se transformam em agentes do pecado quando, deliberadamente ou não, vão às igrejas com roupas sensuais, vestidos ultracurtos deixando à mostra as coxas, costas nuas, seios quase descobertos. Não se dão conta do traje inapropriado para o culto e, mesmo assim, ainda se apresentam para recepcionar a Eucaristia! Um sacerdote amigo meu confidenciou-me que, em certos domingos, ficava deveras constrangido no altar, durante as celebrações, em não poder olhar diretamente para a assembleia porque no primeiro banco havia mulheres com saias curtas demais e que, de modo provocante, cruzavam as pernas de modo a permitir visões "mais íntimas", digamos assim. Eu mesmo tenho me esforçado por "controlar" o olhar quando deparo com algo semelhante, policiando severamente o desejo de ficar contemplando o que é sensual.

Sei que muitos que estiverem lendo esta passagem no mínimo rirão, desacreditando, ou me achando utópico demais, exigente demais, radical ao extremo. Muitas vezes eu próprio gozei daqueles que pensavam assim, chamando-os de "**santar-rões**" na melhor das hipóteses. É palpável que, no mundo atual, as pessoas que assim procederem estarão na "**contramão**" do consenso, indo de encontro ao que todos acharão "**normal**".

Os padres que, em suas paróquias, são rigorosos em suas admoestações sobre os trajes inadequados para a participação nos cultos ou que reprimam, nas homilias as condutas sociais de seus fiéis em desacordo com o Evangelho, correm o sério risco de serem discriminados e hostilizados, vendo a "**debandada**" do rebanho. Os "**progressistas**" são sempre mais bem aceitos que os "**tradicionalistas**" e o resultado é o que contemplamos mundo afora.

Jesus profetizara, conforme lemos em Lucas 18, 8: "***Mas, quando o Filho do Homem voltar, encontrará a fé sobre a terra?***". E, no mesmo Evangelho, no Capítulo 21, 34-36, o seu apelo:

> *Prestai atenção: que vossa mente não se embote com o vício, a embriaguez e as preocupações da vida, de modo que aquele dia vos surpreenda de repente, pois cairá como armadilha sobre todos os habitantes da terra. Vigiai a todo momento, pedindo para poderdes escapar de tudo o que vai acontecer e para vos apresentardes diante do Filho do Homem.*

A verdade é que nem sempre cremos naquilo que professamos e não damos testemunho daquilo que pensamos crer.

EGOÍSMO, OMISSÃO E INDIFERENÇA

Acredito que existe igual ou maior gravidade quando pecamos por egoísmo, omissão ou indiferença. Pode acontecer, até, de não nos apercebermos dessas situações, mesmo que estejamos em atitude de oração ou louvor a Deus.

O egoísmo se manifesta de muitas formas, ativas e passivas, não representando apenas a vontade de ter só para si, de nada distribuir, de concentrar bens de qualquer espécie. É egoísta, também, quem não divide conhecimentos, retendo uma cultura que poderia ser repassada aos seus próximos. E o que afirmar sobre quem, em suas orações, só pede por si, por sua família, pelos seus projetos, pela sua saúde, pelo seu trabalho, esquecendo da intercessão pelos demais? É evidente que temos a obrigação de rogar pelos que amamos — e até colocá-los em primeiro plano —, mas não podemos nos olvidar que vivemos em comunidade e devemos orar uns pelos outros, pelas necessidades coletivas, pelo bem comum e até por aqueles que não conhecemos ou pelos quais não temos simpatia.

Na vida familiar, social e profissional, podemos encontrar exemplos de procedimentos egoístas quando reivindicamos os melhores lugares, as melhores porções de alimento, não cedemos espaço para o nosso cônjuge ou demais familiares, colaboradores, amigos e colegas de trabalho; quando fugimos das tarefas mais árduas e difíceis, buscando sempre o mais cômodo, mais fácil de desenvolver.

Se tivermos presente em nossa consciência que o desejo que alimentamos é o da salvação pessoal, sem nos importarmos com os demais, estaremos nos condenando. De nada adiantará uma existência toda voltada ao louvor de Deus, vivida na castidade e na simplicidade, se o que presidir essa motivação for uma chegada individual à vida eterna. Somente o que desenvolvermos em favor de todos, objetivando que o maior número possível de pessoas encontre a salvação, constituirá um testemunho a nosso favor.

Não esqueçamos a advertência de Jesus Cristo em Mateus 16, 24-26:

> *Então disse Jesus aos seus discípulos: Se alguém quiser vir após mim, renuncie-se a si mesmo, tome sobre si a sua cruz, e siga-me; Porque aquele que quiser salvar a sua vida, perdê-la-á, e quem perder a sua vida por causa de mim, achá-la-á. Pois que aproveita ao homem, se ganhar o mundo inteiro, e perder a sua alma? ou que dará o homem em troca da sua alma?*

Não permitamos que o egoísmo nos domine ao ponto de nos fazer perder a nossa vida.

CRISTIANISMO AUTÊNTICO: VENCENDO DESAFIOS

Tem existido um intenso debate, dentro e fora dos círculos eclesiais (ordenados e leigos), sobre as exigências cristãs para cumprir os desafios de estar a Igreja inserida em sua opção preferencial pelos pobres e pelos excluídos. Assisto, e confesso assustado, a essas questões propostas em diversos níveis e leio vários autores, a maioria oriunda do clero, defendendo uma *"nova evangelização"*, com atuais *"interpretações"* da Bíblia e *"alinhamentos"* com a filosofia marxista.

Por exemplo: o já falecido padre Arturo Paoli, considerado como o *"pai da Teologia da Libertação"*, reconhecia que a *"redescoberta da libertação"* pelos iluministas se devia a Karl Marx e, pior ainda, que as antigas exegeses bíblicas julgavam que a libertação seria *"do pecado"*, mas que o verdadeiro sentido é a *"libertação total do homem"*. Ele o diz, com todas as letras, que *"felizmente o marxismo nos deu essa nota coral de libertação"*, como se nenhum valor tivessem os ensinamentos de Nosso Senhor Jesus Cristo.

É inegável que vivemos, não será temerário dizer, a mais extraordinária crise do cristianismo, motivada por diversos fatores. Eles existem dentro e fora das igrejas (não pretendo cingir-me ao catolicismo, mas aos impactos mais sensíveis ocorrem dentro dele) e são visíveis nos seguintes aspectos:

a. o notável avanço das ciências, "respondendo" a alguns enigmas em diversas áreas do conhecimento humano, notadamente no que está ligado à evolução das espécies e às teorias sobre a formação do mundo, contribuiu para que expressiva casta de cientistas, pensadores e outros formadores de opinião se alinhasse dentro dos conceitos materialistas e passasse a excluir qualquer hipótese sobrenatural;

b. a rápida mudança nos costumes e pensamentos, fortemente influenciados pelos princípios da revolução francesa e radicalmente modificados a partir dos "movimentos libertários" iniciados nos anos 1960, foi sedimentando as bases de um comportamento social, que constituiu uma reação aos medos gerados pelas sucessivas guerras e resposta a certas condutas repressivas e explodiu no emblemático "paz e amor" pregado pelas chamadas gerações "*hippies*" e as "*tribos urbanas*" que lhes sucederam;

c. os fatores antes mencionados acabaram por provocar sérios questionamentos em setores da Igreja Católica que passaram a pregar um alinhamento "*revolucionário*" na defesa da chamada "*opção preferencial pelos pobres*" e desafiar a hierarquia eclesiástica, propondo "*teologias*" que vieram a ser expressamente condenadas pela autoridade papal;

d. fora das questões eminentemente sociais, em muitas áreas, criou-se um ambiente propício à relativização da liturgia, ao abandono das práticas devocionais, à minimização das exigências quanto aos Sacramentos (notadamente o da Reconciliação), enquanto se exaltava a participação em movimentos sociais, partidários e de nítida influência esquerdista;

e. para a totalidade desses "**pensadores**" da "**nova evangelização**" o essencial não é a leitura e a compreensão da mensagem bíblica, mas que sua interpretação seja realizada a partir da "compreensão" dessa atual visão do mundo e, de alguma forma, conceituá-la como "**nova verdade**" do Evangelho dentro dos critérios de um pensamento materialista, excludente de qualquer possibilidade de ter sido a Bíblia escrita por "**inspiração divina**";

f. existem "**pensadores**", com ampla acolhida em editoras católicas, que expõem pensamentos e críticas às orações tradicionais, às formas litúrgicas e aos próprios ensinamentos da Igreja, emanados de Concílios ou da própria autoridade do Chefe da Igreja, sob o pretexto de que foram editados para "**certas circunstâncias históricas**" e condicionadas aos "**contextos sociais da época**", desprezando o conceito de que eles foram movidos pela "**ação do Espírito Santo**";

g. o falso ou deturpado conceito que se faz da liberdade, uma legítima aspiração de qualquer criatura, em todos os tempos, sentimento intrínseco à mensagem cristã, mas que vem sendo, à medida que "**evolui**" o pensamento humano, deturpado, deformado, até se confundir com "**libertinagem**", "**licenciosidade**", "**permissividade**" e outros atributos que são antagônicos ao ideal da verdadeira liberdade que vem a ser a essência dos que a aspiram aproximando-se sempre mais de Deus.

É salutar que escritores bem-intencionados queiram desmistificar para os seus leitores a concepção de um "**Deus distante**", vivendo nos "**altos céus**" e inacessível aos reles mortais por Ele criados. Vejo, também, com bons olhos, as obras que procuram nos situar em realidades distintas das fantasiosas histórias que permeiam a história da Criação e dão formas extraordinárias aos conceitos de céu, inferno, purgatório, paraíso etc. Mas é inaceitável que alguém que se identifique como "**pensador católico**" se proponha a descontruir os ensinamentos dos principais Doutores da Igreja e venha a rechaçar, por critérios meramente "**racionais**", tudo que se credita como "verdadeira revelação divina", transmitida aos homens, ao longo dos séculos, pelos profetas, inclusive o que está nos Evangelhos como pregado por Jesus Cristo.

A CRUZ SEM O CRISTO

O cristianismo, como todas as demais religiões, possui interminável série de símbolos que o enriquece, sobretudo em suas solenes liturgias, O mais expressivo de todos, sem qualquer dúvida, é a cruz, na qual Jesus foi crucificado e que, à época do Império Romano, representava a mais degradante e cruel forma de execução dos condenados. Em rápida digressão histórica, vamos relembrar que foram necessários quase quatro séculos para que os primitivos cristãos, que até então se envergonhavam e abominavam aquele instrumento de suplício, passassem a aceitar e venerar a cruz. Em 325 d. C., o Concílio de Niceia adotou o crucifixo tal e qual o usamos nos tempos atuais.

Antes, sob a égide de Constantino (que assumiu o comando de Roma em 25 de julho de 306 e foi o primeiro imperador romano a ser converter ao catolicismo), foi instituída sua representação, sem a figura do Cristo. Ele teve um sonho, nas vésperas de enfrentar seu inimigo Magêncio (Batalha da Ponte Milvia). Nele uma voz lhe dizia, apontando para uma cruz onde estava escrito: *"in hoc signo vinces"* (com este sinal vencerás), que esse era o caminho da vitória. Constantino, então, ao despertar, determinou que a cruz fosse pintada em todos os escudos de seus guerreiros, que ganharam a luta contra seus oponentes.

Um dos gestos mais frequentes (e, às vezes, malfeito porque realizado mecanicamente e às pressas) do católico, ao adentrar em um templo, ao iniciar uma oração ou celebração, em diversas outras circunstâncias, é o sinal da cruz, que consiste em traçar, com os dedos, três cruzes — sobre a testa, a boca e o peito —, complementado com a mão direita, em vertical da testa à área próxima do umbigo e horizontal do ombro esquerdo ao direito.

Algumas versões protestantes indicam que esse sinal foi instituído por volta de 300 d. C. Em contestação, e repondo a verdade, o saudoso D. Estevão Bittencourt explicava que, pesquisando a literatura cristã anterior a essa data, encontrou o seguinte texto de Tertuliano (falecido pouco antes de 220 d. C.), em que fica evidente o amplo uso do sinal da cruz pelos primitivos cristãos:

> *Quando nos pomos a caminhar, quando saímos e entramos, quando nos vestimos, quando nos lavamos, quando iniciamos as refeições, quando nos vamos deitar, quando nos sentamos, nessas ocasiões e em todas as nossas demais atividades, persignamo--nos a testa com o sinal da cruz. (De corona militis 3).*

O mesmo religioso, autor da magnífica série **Pergunte & Responderemos**, transcreve outro texto, contido na "**Tradição dos Apóstolos 42**", escrito por Hipólito de Roma (falecido em junho de 235):

> *Marcai com respeito as vossas cabeças com o sinal da Cruz. Este sinal da Paixão opõe-se ao diabo e protege contra o diabo, se é feito com fé, não por ostentação, mas em virtude da convicção de que é um escudo protetor.*

Antes de adentrar propriamente no tema a que me proponho refletir, julgo interessante continuar fazendo não só algumas breves considerações históricas e, também, a oposição de algumas religiões, como as Testemunhas de Jeová, que consideram a cruz um símbolo pagão e, nas suas traduções bíblicas, a indicam como "**estaca**".

D. Estevão Bittencourt os repele, fazendo ver que:

> [...] o argumento segundo qual a cruz era um instrumento usual entre os pagãos, nada prova, pois, na verdade, o Cristianismo, sendo a mensagem de Deus encarnado, utilizou elementos humanos pré-cristãos para exprimir o que é de Deus: utilizou, sim, linguagem humana, carne humana, caminhos humanos, recursos humanos... só não utilizou o pecado.

Sobre a tradução que as Testemunhas de Jeová dão à palavra grega *"staurós"* identificando-a como *"poste"*, D. Estevão responde afirmando ser verdadeiro, sim, esse significado, como atestam escritos de Homero, Esíquio e outros autores antigos:

> Mas é certo que passou a indicar duas traves (uma vertical e outra horizontal) atravessadas uma na outra e que Jesus foi pregado não só a uma trave vertical, mas também à horizontal. Com efeito, tanto os escritores pagãos como os cristãos nos dão a conhecer a Cruz com duas traves usual no tempo de Cristo para punir os criminosos: havia uma trave vertical geralmente fixa ao solo, chamada stipes ou staticulum, e uma outra dita patibulum, que era fixada à anterior em sentido horizontal. O réu era preso à trave horizontal com os braços abertos e depois fixo ao poste vertical.

Na Via Dolorosa, Jesus carregou o **patibulum** e não a cruz inteira.

A maioria das igrejas evangélicas não aceita o crucifixo nem adota o sinal da cruz. Um importante site protestante[14] assim comenta o assunto:

---

[14] **RESPOSTAS BÍBLICAS**. Disponível em: https://www.respostas.com.br/qual-o-significado-da-cruz-como-simbolo-cristao/. Acesso em: jan. 2025.

A partir do segundo século, os cristãos perseguidos começaram a usar o sinal da cruz, para além de símbolo visual (desenhos, figuras e pinturas). Começaram também a fazer o sinal da cruz em si mesmos e nos outros. Originalmente, esse ato teve a finalidade de identificar e separar (santificar) cada ato como se fosse para Cristo.

Essa prática tornou-se um simples hábito, uma forma ritual presente nos batismos, na unção de ministros, extrema unção, orações, etc. Os fieis imitavam o papado, adotando o sinal como um hábito de superstição, buscando proteção contra o mal.

Contudo, a Bíblia nunca mencionou tal prática nem a Igreja de Cristo na época dos apóstolos, jamais reconheceu tal sinal. Mesmo assim, o sinal da cruz, como forma ritual, ainda é observado por cristãos da tradição católica romana e outros segmentos.

Contudo, o sinal da cruz é apenas um acréscimo institucional, uma invenção humana. Essa prática foi desencorajada por muitos pais da Igreja, antes e depois da Reforma protestante, pois não é bíblica.

O crucifixo é a uma cruz contendo uma imagem de Cristo. Esse uso tanto em formato visual como esculturas parece ter surgido somente a partir do sexto século. Antes disso, não era comum nem recomendado pelos apóstolos e primeiros cristãos. A Igreja primitiva buscava manter os fundamentos já solidificados (de não se fabricar imagens por ex. - Êxodo 20:4-5) evitando adicionar acréscimos aos ensinamentos bíblicos.

Originalmente, o crucifixo foi idealizado para representar visualmente o sacrifício de Jesus,

> *uma vez que, a maioria dos cristãos não tinha acesso às Escrituras Sagradas (nem sabiam ler). Assim, o crucifixo servia como um suporte pedagógico para ensinar ao povo, através da figura visual que remetia a morte do Senhor.*
>
> *O perigo, mais uma vez, era a superstição e idolatria (veneração e adoração) crescente a partir dessas imagens. Muitos passaram a fazer uso do crucifixo como amuleto espiritual ou escudo de proteção, o que não é aconselhado biblicamente. Outro grave problema é o esquecimento de que Cristo ressuscitou, a Sua Cruz está vazia! Algumas religiões ainda usam o crucifixo como amuleto protetor, mas a Bíblia rejeita tais crendices. Os cristãos devem evitá-los".*

Os argumentos são rechaçados a partir da própria leitura bíblica, no Antigo Testamento, sobre a "serpente de bronze" que Deus ordenou que fosse erguida por Moisés, no deserto, para livrar os queixosos israelitas do veneno das serpentes. Vejamos o comentário feito no site católico "**Arautos do Evangelho**"[15]:

> *Um dos aspectos que mais nos chocam lendo sobre o êxodo do Povo Hebreu é a dureza de coração destes aos quais Deus havia escolhido, entre outros, como a Nação Santa para que Ele se revelasse. Constante eram as revoltas do povo, e com o intuito de fazê-los voltar à razão Deus lhes enviava provas, nas quais Ele lhes mostrava divinamente a sua onipotência.*
>
> *Assim nos deparamos com o povo que tendo partido do monte Horeb, ia em direção ao Mar Vermelho, rodeando a terra de Edom.*

---

[15] Disponível em: https://academico.arautos.org/2013/11/a-serpente-de-bronze-figura-de-cristo-na-cruz/. Acesso em: jan. 2025.

Nesta etapa Israel indócil murmurou contra o Senhor Deus e contra Moisés: "Por que, diziam eles, nos tirastes do Egito, para morrermos no deserto onde não há pão nem água? Estamos enfastiados deste miserável alimento" (Num. 21, 5). Então: "o Senhor enviou contra o povo serpentes ardentes, que morderam e mataram muitos. O povo veio a Moisés e disse-lhe: 'pecamos, murmurando contra o Senhor e contra ti. Roga ao Senhor que afaste de nós estas serpentes.' Moisés intercedeu pelo povo, e o Senhor disse a Moisés: 'Faze para ti uma serpente ardente e mete-a sobre um poste. Todo o que for mordido, olhando para ela, será salvo.' Moisés fez, pois, uma serpente de bronze, e fixou-a sobre um poste. Se alguém era mordido por uma serpente olhava para a serpente de bronze, conservava a vida (Num. 21, 6-9).

Já nesta situação constatamos a semelhança com a cruz de Nosso Senhor. Pois de fato os judeus, por causa da revolta, não entraram na terra prometida, e ainda tiveram de fazer um grande desvio que os levou a esta paragem agreste. Aí eles se revoltaram novamente e Deus lhes enviou as serpentes. Tendo o povo se arrependido Deus ordena a Moisés que coloque uma Serpente de bronze sobre seu bastão. Vemos aí uma semelhança com a humanidade que pecando, na pessoa de Adão, com o pecado original = revolta pelos relatos dos exploradores; foi expulsa do Paraíso = Terra Prometida, indo parar neste vale de lágrimas; nesta terra de exílio = deserto, paragem árida e agressiva. Mesmo assim o homem se revolta novamente com os pecados atuais = a segunda revolta no deserto da Arábia. E Deus o livra da escravidão ao pecado, que é de si um tormento para o homem = picadas das serpentes.

> *Mas Deus cumpre sua promessa e nos envia um Salvador que culmina sua Obra Redentora no alto da Cruz, salvando do pecado os que O aceitam e olham para Ele pendente na Cruz = Deus que manda Moisés colocar uma serpente de bronze no seu cajado, curando todos quanto para ela olhem.*

No Novo Testamento, o evangelista São João nos relata:

> *Naquela ocasião, Jesus disse a Nicodemos: "Ninguém subiu ao céu senão aquele que desceu do céu: o Filho do Homem. Como Moisés levantou a serpente no deserto, assim também o Filho do Homem será levantado, a fim de que todo o que nele crer tenha a vida eterna". De fato, Deus amou tanto o mundo, que deu o seu Filho unigênito, para que todo o que nele crer não pereça, mas tenha a vida eterna. Pois Deus enviou o seu Filho ao mundo, não para condenar o mundo, mas para que o mundo seja salvo por Ele. (Jo 3, 13-17).*

Comungo, com toda a fé, dos ensinamentos que nos são repassados pela Tradição da nossa Igreja e vejo, na riqueza da Liturgia Católica, em relação à Cruz com o Cristo nela crucificado, além de um simples simbolismo ou rememoração "didática" do seu sofrimento. Mais do que a contemplar no cotidiano, é extremamente válida a cerimônia de sua adoração, presente nas cerimônias da Sexta-Feira Santa, e de sua exaltação, no dia 14 de setembro, data escolhida pela Igreja, por ser o dia em que foram edificadas duas importantes Basílicas, em Jerusalém. O padre Reinaldo Beijamim, C.Ss.R, relata as origens dessa festa litúrgica assim:

> *A festa em honra da Santa Cruz está ligada à edificação das Basílicas em Jerusalém. Foi celebrada pela primeira vez no ano 335. As Basílicas foram construídas sobre o calvário*

> *(Gólgota) e sobre o túmulo de Jesus, lugar de sua ressurreição. Segundo a tradição, Santa Helena, mãe de Constantino, foi para a Terra Santa e encontrou uma preciosa relíquia: o madeiro que Jesus fora crucificado. Com o tempo, a celebração ganhou um significado maior, a festa exulta a glorificação Daquele que venceu a cruz: Jesus Cristo.*
>
> *No prefácio eucarístico desta Santa Missa se reza: "pusestes no lenho da cruz a salvação da humanidade, para que a vida ressurgisse de onde a morte viera. E o que vencer na árvore do Paraíso, na árvore da Cruz fosse vencido". Os Padres dos primeiros séculos da Igreja viam a cruz de maneira muito positiva.*
>
> *A cruz não mero símbolo de dor, sofrimento e morte, mas um símbolo da cura, da vitória, do amor e da vida. Assim cantamos numa antífona da Sexta-feira Santa: "Pois pelo madeiro da Cruz veio a alegria ao mundo inteiro.[16]*

Eu porto comigo, sempre, um crucifixo. Não o conduzo como amuleto, de forma supersticiosa, mas, com todo o respeito e adoração, para fazer-me lembrar, sobretudo nos momentos de dúvidas, perigos e incertezas, de angústia ou sofrimento, que as dores e sofrimentos, a flagelação e as humilhações pelas quais Jesus Cristo passou, aconteceram para que eu, e a humanidade toda comigo, fosse salvo da condenação eterna e, assumindo com Ele, a minha cruz, consciente do que representou sua Paixão e Morte no Calvário, possa caminhar em busca da vida plena da Graça de Deus.

É lógico que o Cristo Ressuscitado, a imagem gloriosa do nosso Salvador vencendo a morte e deixando o túmulo

---

[16] Disponível em: https://www.a12.com/redentoristas/noticias/o-que-significa-a-festa-da-exaltacao-da-santa-cruz. Acesso em: jan. 2025.

vazio, representa o ápice de um projeto de restauração do homem decaído desde o paraíso perdido pela infidelidade dos nossos primeiros pais. A Páscoa de Jesus é o momento mais importante para a Cristandade, simbolizando verdadeiramente a passagem do velho para o novo, da rejeição ao Plano de Deus à total aceitação de Seus desígnios. Mas, só é possível vivenciar essa plenitude e viver a Graça que nos é concedida, se tivermos a capacidade de entender e glorificar a humilhação da Cruz e a real libertação que ela nos oferece. A Cruz, sem o Cristo, é importante, mas a contemplação do Crucificado e a reflexão sobre seu sacrifício humilhante e profundamente doloroso nos conduzem ao entendimento do quanto custou nossa libertação.

"CORAGEM, NÃO TENHAIS MEDO!"

Quantas vezes, em nossas vidas, não procedemos como os discípulos de Jesus! Por mais que testemunhemos suas bênçãos sobre nós, contemplemos os milagres (que só a insensibilidade dos nossos corações impede de reconhecer) de toda a Criação, quando sopram os "ventos contrários" das adversidades, dos obstáculos, nosso medo é maior que a nossa fé e a as dúvidas que nos assaltam nos levam a ver "fantasmas" no lugar da presença do Cristo. E tudo o que Ele quer é que nos deixemos envolver pelo seu Amor e tenhamos plena confiança em suas promessas.

O sentido da proposta de nos convertermos ao Plano de Deus consiste na plena adesão ao seu apelo de amarmos uns aos outros como Ele nos amou. É essa atitude, esse DECI-DIR-SE por alcançar a salvação, participando da construção de Seu Reino, que Ele espera de nós.

Espero que este livro possa ser uma pista para encontrar esse caminho.